AF240894

À CEUX QUI NOUS PARLENT COMME À DES ENFANTS

Madeleine Melquiond

À CEUX QUI NOUS PARLENT COMME À DES ENFANTS

Mon voyage en septuagénie

Max Milo

© Max Milo, Paris, 2024
www.maxmilo.com
ISBN : 978-2-31501-215-2

SOMMAIRE

PARTIE 1 - JE EST UN AUTRE

PARTIE 2 - LA FABRIQUE DE LA VIEILLE

PARTIE 3 - LA FARANDOLE DES AIDANTS

PARTIE 4 - LA MUE ?

AVANT-PROPOS
LA VIEILLESSE, UNE MÉTAMORPHOSE BRUTALE.

«*Où elle est la vieille?*» L'homme, 35 ans environ, grand, baraqué, est entré dans le café comme un taureau furieux. C'est un habitué du comptoir. Il ne m'a pas vue, car j'étais cachée par un pilier.

C'était si brutal que tous les clients ont piqué du nez dans leur verre.

Il cherche, il me voit.

Il s'assied de tout son large en face de moi. Puis il me sort : «*C'est vous qui avez heurté ma voiture en sortant de chez votre compagnon cette nuit*».

En effet, en ces temps de Covid, j'avais préféré quitter l'appartement de mon ami et rentrer chez moi dans la nuit parce que je risquais moins un contrôle de police pour n'avoir pas rempli le formulaire exigé. Et pour cause! Dans la liste des raisons «valables» de se déplacer, ne figurait pas une visite chez un amant non cohabitant. Grave lacune!

Mais je savais bien n'avoir heurté aucune voiture en quittant le parking.

Et voilà cet homme vulgaire me dire, sans préambule :

— Si vous me donnez deux mille euros, on pourra s'arranger, je n'ai pas encore porté plainte. Mais il me les faut, et vite. Vous êtes âgée, vous allez avoir la police sur le dos si je vais à la gendarmerie, alors que si vous me donnez 2000 euros, ni vu, ni connu.

Il avance le buste, il me dévisage, le regard provocant.

— Allons, vous êtes vieille et je sais que vous avez de l'argent.

Je suis humiliée devant tous les clients, interloquée par ces propos. Je refuse et j'affirme que je n'ai heurté aucun véhicule.

— Allons, ma p'tite dame, vous savez bien que c'est vous, il ne faut pas mentir à votre âge. Ça a fait un boucan qui a réveillé toute la résidence. Vous n'avez pas la force de vous opposer à une plainte, acceptez. 2000 euros, pour vous, c'est rien.

C'est si culoté, impoli et faux que j'en reste bouche bée, avant de me reprendre pour lui affirmer que je n'en ferai rien.

Il insiste, se penche, le regard menaçant. Je rétorque :

— Portez plainte si vous voulez, ma voiture n'a donné, donc reçu, aucun choc, les gendarmes le verront bien.

Très énervé, il s'agite :

— Alors ça, vous ne manquez pas de toupet ! Vous savez très bien ce qui s'est passé. J'ai des témoins.

Il s'adresse aux autres clients :

— Vous avez vu cette vioque, elle est aussi menteuse qu'elle est riche...

L'homme chez qui j'avais passé une partie de la nuit est arrivé. Nous avions rendez-vous. L'ogre cessa de hurler, baissa d'un ton. Mon ami lui demanda pourquoi cette colère.

— Oh rien, dit-il en se faisant doucereux. J'essayais juste de passer un compromis avec Madame, parce qu'elle m'a embouti hier en sortant de chez vous et que je n'ai pas d'assurance.

— Pas d'assurance ?

— Ben quoi ? Il y a plein de gens qui roulent sans assurance à cause du prix. Vous ne le saviez pas ? Et l'essence avec ça ! Vous n'avez pas entendu parler des gilets jaunes ? La vieille, je comprends, elle s'y connait pas en bagnoles, ça se trouve, elle y voit mal. Mais vous ?! »

Quand il se met en colère, mon ami, c'est une colère froide, il a une voix de basse et articule bien chaque mot :

— Vous allez sortir d'ici. Madame n'a rien embouti du tout. Si vous le souhaitez, je vais au commissariat et je leur raconte ce qui s'est vraiment passé...

L'homme se lève.

— Bon sang, elle en a de la chance votre copine.

Il capitule, mais veut en sortir en beauté :

— Au fait, vous l'avez trouvée où ? Dans un Ehpad ?

Voilà comment on traite une dame de 72 ans à l'époque du premier confinement. Dans cette histoire, il y a toute la gamme des traitements réservés aux septuagénaires : Intimidation, mensonges, menaces, arnaques et le ton d'un homme qui sermonne une gamine qui a fait une bêtise.

Remarquez au passage qu'il a baissé pavillon sur le champ devant un homme. C'est les femmes que l'on houspille.

La vieillesse, une métamorphose brutale.

En plus, je n'étais (et ne suis toujours pas) conforme au portrait-robot d'une vieille femme. J'ai la langue bien pendue, je ne suis pas timide, aucun homme ne m'a fait de mal, je n'ai pas peur...

Cette histoire révèle aussi qu'à partir d'un certain âge, et surtout à partir de 70 ans, nous — les femmes — ne sommes plus considérées comme des personnes singulières, mais comme une «vieille», toutes semblables ou à peu près.

On nous attribue à toutes les mêmes qualificatifs : fragile, timide, facile à arnaquer, menacer, escroquer. Une vieille ? C'est une petite souris qui ira à coup sûr croquer le gruyère de la trappe.

On prétend aussi que nous sommes diminuées, invalides, oublieuses, amères ou acariâtres, ce qui vaut aussi pour les vieux messieurs, mais avec plus de précautions.

Dans les contes, on traite les vieilles de sorcières, d'empoisonneuses, «d'ogresses». C'est aussi le cas pour des femmes accusées d'avoir éliminé leurs compagnons.

Dans la vie réelle, nos interlocuteurs peuvent, selon leur position, être compatissants, protecteurs, infantilisants ou injurieux, méprisants et menaçants.

Cette robotisation, ce «tous pareils» signifie en filigrane que nous n'avons pas de passé. Dans la famille «vieux», il n'y a pas de racines, pas d'histoire, pas de connaissances, pas d'épreuves, pas d'expériences, pas de joies, bref... tout ce qui dans notre vie a donné ce résultat : un vieux ou une vieille qui a digéré et filtré sa vie jusqu'à son âge actuel et fait ses choix en relation avec son passé.

Bien peu d'ouvrages, d'articles ou de sites ont ce regard. La plupart sont des catalogues de prescriptions standards censées nous aider à bien vieillir.

Un peu comme les tomates, on nous cultive hors sol. Selon le sociologue Christian Boltanski : la fabrication du vieux est *« le travail de regroupement, d'inclusion et d'exclusion, dont il est le produit... en analysant le travail social de définition et de délimitation qui a accompagné la formation du groupe et qui a contribué, en l'objectivant, à le faire être sur le mode du cela va de soi »*. L'idéologie du bien vieillir évacue la question du temps.

Cette vision se fait sentir dès la soixantaine, comme je l'ai écrit dans mon livre *On n'est pas sérieux quand on a 60 ans*. Le *bien vieillir* est alors déjà régi par des listes standardisées : marcher une heure par jour, faire du bénévolat, aller dans un cours de gymnastique douce, garder le lien social, aider les enfants et les petits-enfants.

De 60 à 70 ans, j'étais sur la pente de la vieillesse, mais elle est assez douce, elle ne nous secoue pas en profondeur, surtout si nous suivons les conseils des faiseurs de listes. Ou si on n'en tient pas compte d'ailleurs. Dans ce cas, nous sommes excentriques, ragoteuses et rebutantes.

À 70 ans, s'est soudain ouvert devant moi un paysage chaotique, déconcertant, troublant qui, en sus, oblige à des apprentissages, des comportements, des soins, étrangers à mon passé et dont j'ai peur.

Ainsi, des maladies pas forcément nouvelles, mais plus astreignantes, de la vie sociale où nous ne rencontrons pas souvent

La vieillesse, une métamorphose brutale.

une vraie affection, des démarches administratives qui font de l'ordinateur une bête noire, de l'iPhone, un lutin facétieux.

Les moments difficiles sont plus fréquents qu'avant : coups de barre, somnolence, douleurs, chutes, découragement, moindre concentration, moindre réactivité.

Comme tout s'aggrave, souvent par à-coups ou par crises, j'ai besoin d'aide. Ce que les politiques ont bien compris, car il y a là un immense réservoir de profits : médicaments, prothèses, prises de sang, imagerie, rééducation, consultation de spécialistes. Je fais partie d'« un marché » prometteur...

Instants rares ! Si on nous attribue un compliment, il sera toujours tourné en référence à la jeunesse : « *Cette septuagénaire nous emporte avec talent aux jours de sa jeunesse.* » Ou : « *Une écrivaine âgée qui garde la fougue de ses jeunes années* », « *Malgré son âge, cette cantatrice nous fait vibrer* », etc.

La jeunesse est devenue l'étalon-or du talent et du succès. À fortiori s'il s'agit d'une femme, alors qu'on concède plus volontiers à un vieux monsieur qu'il a de l'expérience.

Il est facile de devenir dépendant, de suivre le cours de l'eau en silence. C'est pourquoi j'ai raconté dans ce livre mes tentatives de résister, souvent cocasses, en privilégiant les femmes que je connais forcément mieux. Et je me suis donné le plaisir de parler des moments heureux, des surprises charmantes et même d'un coup de foudre. Comme Simone de Beauvoir l'a écrit : « *La vieillesse c'est le deuxième sexe du troisième âge* ».

PARTIE 1

JE EST UN AUTRE

1— Le chaos

J'ai vécu, autour de mes 70 ans, un changement radical. Alors que je descendais la pente aride, mais encore clémente de la soixantaine, j'arrivai devant une porte qui s'ouvrit en grinçant, et je vis que le chemin des ans était désormais pentu, troué d'ornières et de flaques boueuses. Des blocs de granite avaient roulé dans cette désolation. Je ne voyais pas une source. Les seuls éléments joyeux de ce paysage terrible étaient, au loin, une petite clairière d'herbe neuve piquetée de charmes, de bouleaux et de peupliers, et à l'Est, l'écume de vagues ondoyantes. C'était comme une métaphore du chaos primitif qui dans la Genèse signifie à la fois le vague et le vide.

Pour ceux qui osent dire que la vieillesse est une « belle aventure » et « une ouverture spirituelle », je répondrai que c'est un ravin tout en creux et en bosses, de forêts détruites par le feu, et que ni les éruptions ni les séismes ne nous sont épargnés...

Il y a en France plus de morts entre 50 et 70 ans que plus tard. En outre, l'espérance de vie — nos dirigeants et les politistes à leur solde se gardent de le dire bien fort — recule depuis 2010. Elle a baissé, Covid inclus, pour retrouver son niveau de 2014. Nous vivons globalement moins longtemps même si nous débarquons en « Septuagénie » (j'ai pensé difficile de dire Septentie) en bonne forme. Oui, la médecine et surtout la chirurgie ont fait de spectaculaires progrès. Mais les maladies environnementales, les épidémies, les épizooties se pressent au portillon, ainsi que les affections psychiatriques.

J'étais donc en bonne santé lors de cet anniversaire et mon pouvoir d'achat était sensiblement égal depuis mes 50 ans. Mon assurance-vie, mon patrimoine immobilier et ma retraite s'étaient un peu contractés, mais mon « bas de laine » était resté dans sa cachette.

Les discours tonitruants qui disent « nous vivons plus longtemps » ou « tous centenaires » sont largement enflés, afin de créer un « mirage démographique » pour justifier l'âge plus tardif à la retraite.

Oui, mais direz-vous, il y a cette masse de bébés qui viendront remplacer en leur temps les classes plus creuses comme la nôtre désormais, celle des baby-boomers. Rien n'est moins sûr ! L'indice de fécondité a fléchi nettement. En 2020, le nombre de naissances est de 736 000 enfants, soit le niveau le plus bas depuis 1945, une tendance que le Covid a confirmée, contrairement à la légende selon laquelle les couples confinés ont davantage procréé. Il se raconte même que les querelles se sont multipliées.

Chacun a pu mesurer à quel point le décompte des décès dus au Covid varie selon les sources. Les chiffres de la santé publique sont confiés à l'Inserm et plus exactement au CépiDC (le Centre d'épidémiologie sur les causes médicales de Décès qui s'appuie sur le nombre de certificats de décès). On sait qu'il y a eu un brouillard autour de cette estimation, puisque pendant la première phase de l'épidémie, on n'a pas publié les morts en Ehpad, en séjour de longue durée ou au domicile. La sous-estimation serait d'environ un tiers, selon l'Institut national d'études démographiques. Ce que les démographes appellent l'«*effet de moisson*», c'est-à-dire la part des comorbidités, n'a pas pu être décompté avec rigueur dans la panique générale.

Pour l'Ined, «*ce sont les septuagénaires qui ont été les plus concernés par l'excédent de décès*» si l'on considère que les maladies comme le cancer évoluent avec la baisse de la vitalité, après 80 ans.

Mais nos chercheurs de tous types se sont rapidement mis d'accord pour faire des 70 ans le chiffre retenu pour l'obligation vaccinale. Ainsi, nous, septuagénaires, nous sommes trouvés au centre de controverses interminables et de furieuses engueulades, nous avons été trimbalés de centres de dépistages en divers lieux dévolus à la vaccination et une fois vaccinés, on nous a demandé un quatrième vaccin. Il y a de quoi donner le tournis, surtout quand le cinquième débarque! À l'épreuve d'une mort imminente possible, on a ajouté la contrainte de la vaccination. L'effet Covid fut avant tout pour nous un facteur d'instabilité, d'angoisse et de peur.

2— C'EST DANS LA TÊTE

Lorsque je dis mon âge à un quidam, il est un peu embarrassé. Par chance, la sagesse populaire a réponse à tout, en particulier grâce à l'inusable « c'est dans la tête ». Il semblerait, à l'entendre, qu'on veuille nous consoler.

Avons-nous besoin d'être consolés? Pas forcément. En « septuagénie », il y a des gens heureux. J'en fais partie. Mais nous sentons que l'âge est bien là qui, souvent, nous invalide. Il y a des gradations qui plus est discontinues, des crises » alternant avec les jours où on se sent comme rajeuni. Très rare est une personne qui peut sans bluffer prétendre qu'elle ne ressent pas les effets de l'âge, celui-ci parce qu'il a des trous de mémoire, cet autre parce qu'il souffre d'une sciatique récidivante, un autre parce qu'il est incontinent, ou qu'il a mal au dos, aux chevilles, aux genoux, que sais-je?

Cette propension à dire qu'il suffit d'être jeune «dans la tête» est conforme à l'esprit du temps qui suppose que vieillir est forcément un déclin. Les jeunes loups ne valorisent pas la vieillesse, on ne nous respecte pas pour notre âge, on a perdu la capacité de voir tout ce qu'une personne âgée a accumulé comme expériences, savoirs et savoir-faire, prudence, acuité du jugement. Loin est l'époque où les vieillards étaient consultés comme des oracles, sauf dans certaines civilisations où cette vision est restée vivace.

L'époque, donc, est jeuniste. Elle enjoint aux vieux de paraître jeunes. D'où cette autre réponse, entendue bien souvent : « *Vous ne les faites pas* ». Ce qui signifie en réalité que ce serait triste que nous les fassions. Par «les», j'entends les années qui, en augmentant, diminuent la valeur de la personne. Car les vieux ne peuvent donner que gêne et embarras, ainsi que perte de valeur — au sens marchand du terme — d'où l'opinion qu'ils devraient travailler plus longtemps, à tout le moins rendre un service non monnayable à la société en faisant du bénévolat ou en participant à la vie associative.

La vieillesse est improductive, tel est le verdict dans les sociétés libérales, que nos politiques, le haut du panier des soignants et les détenteurs d'un quelconque pouvoir sur nous, s'échinent à corriger. Nous devrions coûter moins cher. C'est là l'opinion de beaucoup de quarantenaires, qui prétendent que les Trente Glorieuses nous assurent une retraite dorée. Pendant les dix ou vingt dernières années, cette expression faisait florès dans les médias, ainsi que *L'Âge d'or* pour décrire ces années. Toutefois, comme l'imagerie de la grand-mère bourgeoise habillée, griffée et faisant tinter ses bijoux en or sonne de plus en plus faux, vu la polarisation des fortunes, il a bien fallu admettre que nous ne batifolons pas dans le trésor d'Oncle Picsou. Commentateurs et éditorialistes ont donc fait une petite retraite sémantique en employant l'image «*l'or gris*» qui, si je tente de l'interpréter, est que nous avons un bon niveau de vie, assorti au gris de nos cheveux et à la grisaille de nos existences.

Si nous donnons la parole aux chiffres, l'Institut national démographique (Ined) montre que le niveau de vie médian des 65 ans et plus tourne autour de 20 000 euros (22 400 en 2019). Si l'on prend pour base les personnes de cet âge qui sont seules ou isolées, on tombe à 19 900 euros, une différence significative. La moyenne des pensions mensuelles brutes évolue peu à la baisse, allant de + 1,80 euro en 2006 à - 1,3 et + 0,4 en 2020. Pas de grands bouleversements non plus dans le « bas de laine » qui se compose de 73,4 % en assurance vie, 80 % en livrets d'épargne et de 73,4 % en revenus immobiliers.

Ces données assez stables ouvrent la porte à une double interprétation, renforcée par le drame du Covid.

On admet qu'il y a de petites retraites et des pauvres retraités pour lesquels un peu de *bénévolence* (novlangue) s'impose par le biais d'aides et de quelques services marchands peu onéreux. Mais si notre valeur *ajoutée* n'existe plus, les adeptes du marketing ont flairé que nous sommes aussi consommateurs. Prenant appui sur nos déficiences, ils n'ont de cesse de découvrir à notre place de nouveaux besoins. Sous le paradigme du *bien vieillir*, il *nous faut* une douche à l'italienne, une cuisinière avec une alerte pour ne pas la laisser en marche par distraction, *il nous faut* des vêtements adaptés, surtout pour les pieds qui réclament à cor et à cri des semelles souples et du cuir aéré, sans compter les lourdes dépenses que constituent, dès la soixantaine déjà, la maison neuve de plain-pied, ou à défaut, la rénovation générale, fenêtres, murs et toiture.

L'adage «*c'est dans la* tête», doublé du «*vous ne les faites pas*» censé compenser tous ces achats, témoigne en fait, plus sourdement, de l'angoisse de ceux qui refusent de se trouver face à leur propre vieillesse.

Car la vieillesse fait peur et il est vrai que nous en portons les stigmates sur nos peaux, notre vue, notre ouïe, dans notre squelette et divers organes, mais elle effraie surtout parce qu'elle est l'antichambre de la mort, que nombre de nos penseurs modernes cherchent à contourner, estomper ou adoucir.

Nous n'avons nul besoin d'être réconfortés avec des formules magiques et des slogans publicitaires. C'est en effet difficile de vieillir, je veux dire vieillir tout court, et non le *bien vieillir* culpabilisant.

Pendant le Covid, les vieux qui décédaient étaient invisibilisés. À part une photo floutée d'un corps enfermé dans un sac plastique bleu, parfois la vue d'une salle où on a aligné les défunts comme à la parade, les médias n'ont pas voulu dramatiser, non plus que les politiques ni — plus surprenant — les églises. Je me suis demandé et me demande encore : où sont ces disparus, où sont leurs familles, quelle est leur sépulture ? Sans donner dans le voyeurisme, j'aurais apprécié que cet aspect de l'épidémie ne soit pas éludé, alors que le Covid a systématiquement caché ses morts.

Ajoutons toutes les réserves dues aux lacunes dans le dénombrement des victimes. La presse s'est scandalisée, à juste titre, de ce que les premiers chiffres n'englobent pas les personnes en Ehpad, au domicile ou en soins de longue durée. Il était vain de décompter les comorbidités, faute d'une recherche impossible à mener sur des corps que l'on devait évacuer vite.

Les chiffres officiels du gouvernement sont ceux de l'Inserm, plus précisément du CépiDC qui prend comme critères les actes de décès et aboutit à une sous-évaluation d'un tiers selon l'Ined...

Dans ce fouillis statistique, il ressort, selon l'Ined, que les septuagénaires ont été «très impactés», plus même que les octogénaires, car, passé un certain âge, il est des maladies qui évoluent peu : le cancer, par exemple.

Ainsi, nous avons vogué dans des parages mouvants, une incertitude numérique et médicale qui nous a désorientés. J'ai d'ailleurs rencontré beaucoup de femmes de mon âge qui devenaient complotistes sur le thème «*on se débarrasse de nous en douce*» ou qui avaient perdu confiance dans la médecine.

Pour une fois, bien que je ne sois pas une adepte des commémorations, j'estime qu'un hommage républicain et laïque aux morts du Covid aurait été bienvenu. Les gouvernements en organisent souvent pour des événements de moindre ampleur, comme le crash d'un d'avion.

3— Ma p'tite dame

Lorsqu'un plombier s'échine sur mon siphon, il râle : «*Ah ça, ma pauvre p'tite dame, il va falloir faire attention! Il y a des cheveux.*»

«*Voyons, ma pauv' p'tite dame, c'est pas du travail! Votre carreleur est un incapable, regardez, il y a déjà des carreaux qui se détachent. La colle, ma pauv' p'tite dame, il faut pas mettre de la Seccotine, mais une vraie colle professionnelle. Ah, sûr, elle est plus chère, mais avec ça, vous en avez pour au moins vingt ans.*»

Certes, je me rassure, car je réside au sud-est de la Septuagénie, une terre qui évoque les *Géorgiques* et dont les siphons dans l'ensemble, ne sont pas obturés. Les pieds y frôlent une herbe douce, on peut s'y asseoir, s'y rouler. Une rivière tranquille coule en son milieu, toute bruissante et légère, comme on le dirait d'une flute ou d'un piccolo. Des chèvres à barbiche s'en prennent aux feuilles, les moutons tournent en rond.

Cette campagne est parsemée de petits villages, et d'autant d'églises, mairies et salles des fêtes.

Les septuagénaires qui y résident sont nombreux. On leur parle encore souvent avec respect d'un mot que je n'entends jamais à Paris ou dans les grandes villes, celui d'« Ancien » tandis que c'est le terme consacré dans le journal local où on les met en valeur. Certes, les Anciens existent. Ils ont des clubs, des associations, des activités, mais *entre eux*, dans *leur foyer-restaurant* ou au cours de gym douce. Ils occupent ces enclos sans trop se montrer ailleurs. Malgré quelques efforts de la mairie ou du journal local, « *l'invisibilité* se conjugue à la *ségrégation* » pour parler comme les sociologues et autres plumes savantes (au passage, j'ai oublié *résilience,* également très à la mode).

Mais rien n'arrête le torrent des *Ma p'tite dame*. Chaque fois que je reçois un artisan ou un fournisseur, il multiplie les ma-p'tite-dame non sans un certain sadisme, car il signifie par-là que dans ma maison tout est à mettre à la décharge, sinon, ma pauv' p'tite-dame, il y aura des réparations très onéreuses à la clé. Et l'homme de l'art d'ajouter : « *Et remarquez bien que si je vous préviens, c'est pour vous éviter des ennuis* ».

L'utilité pratique de la locution « *ma pauv' p'tite dame* » est en plus un test. Le peintre (le charpentier, le couvreur…) voit instantanément si j'accorde du crédit à son propos ou s'il m'indiffère. De là, il pourra déduire s'il y a lieu d'être réglo ou de tenter de me faire peur : « *Bon alors, pour ces carreaux, pensez-y. Je vous envoie un devis dès demain. À vous de voir* ». L'interjection magique permet de tester si je connais le b.a.-ba du métier, en lançant une objection facile à l'énoncer : « *Et vous n'avez pas de fils pour vous donner un coup de main ?* », ou « *Et votre mari, il peut pas faire ça ?* ». Cela vaut toutes les fiches client du monde. Si vous n'êtes pas bricoleuse et si vous vivez seule, vous êtes versée dans la catégorie de ceux pour lesquels il fera la tâche minimum pour le prix maximum.

Nous sommes nombreuses à savoir que cette anodine *p'tite dame* peut ouvrir la porte à une arnaque, les garagistes étant les champions toutes catégories. Ainsi avons-nous aussi nos petites ruses : «*Laissez-moi le catalogue*», «*Je vais en parler à mon mari*» (qui n'existe pas), «*Peut-être que mon voisin pourra me donner un coup de main. De toute façon, envoyez le devis*». Nous ne sommes pas dupes, et nous faisons parfois semblant, mais c'est épuisant. Depuis que je suis septuagénaire, c'est un raz de marée. À part les amis et les proches, personne ne me parle plus autrement. Je ne suis plus moi, j'ai disparu avec mon nom.

Désormais, je me ratatine comme une chose sur le départ : « *Tiens*, dit la boulangère, *je ne vois plus la p'tite dame qui achetait des croissants. Elle doit être morte*». Je me déplace dans la ville comme une survivante effarée et intimidée par ce vocable qui s'impose et qu'on m'oppose. Sinon, je me fais remarquer, je suis désignée comme une ronchonneuse, je suis mal servie. Bien sûr, je ne m'en prive pas… Cruels malentendus!

— Enfin, c'est vrai quoi, me glisse Martine, c'est pour te faire plaisir que le boucher a dit ça.

— Tu parles! Il a peur de perdre une cliente avec tout ce qu'on dit sur la viande à cause des végétariens et des végans. Très rares sont les « *ma p'tite dame* » qui te placent dans le cercle privilégié des habitués et clients fidèles vieillissants. Il est facile de distinguer ce petit qui ne rapetisse pas, car il s'accompagne presque toujours d'un sourire et d'un ton de voix joyeux allant parfois s'enrichir en *Ma gentille p'tite dame*. Ce *petite* là a la douceur des diminutifs qui fleurissent dans la langue russe, jetant sur les pages de leurs romans de multiples caresses.

Hélas, le terme «petite», employé presque mécaniquement, insinue que nous ne sommes plus grand-chose, que nous n'avons pas de «hauteur», donc plus de prestance. Nous finirons avec la taille d'un bébé. Ce sont surtout les femmes qui rapetissent, car le sexe masculin est moins maltraité. Je n'ai jamais entendu dire à un vieux monsieur «*p'tit monsieur*», ou «*p'tit homme*». Il traîne encore ici ou là, dans quelques villages : «*Un paquet de Marlboro, pépé, comme d'habitude?*», ou «*Tiens, l'Ancien, je t'ai mis ton journal de côté*», et aussi «*Papy, un Ricard comme d'habitude?*»

Avec les *ma p'tite dame* et *ma pauvre p'tite dame* le pire est arrivé. La neutralisation qui se manifeste en français par le style impersonnel : «*À cet âge, il faut enlever cette baignoire, c'est dangereux*», «*Il ne faut pas cuisiner au gaz, il peut y avoir un accident*», «*La p'tite dame risque d'avoir une bronchite*». «*Elle devrait réparer la porte, l'air passe en dessous*». Certaines corporations sont particulièrement adeptes du *on* et du *elle* : les aides ménagères, les infirmières. À l'hôpital, on ne nous parle plus qu'à la troisième personne. Non dans le sens respectueux dû à un monarque, «*Sa Majesté est-elle allée?*», mais pour souligner l'indifférence.

«*Elle a bien dormi?*», «*Elle veut encore du potage?*», «*Elle a pris sa douche?*». L'invisibilité fonctionne à plein régime. Nous

À ceux qui nous parlent comme à des enfants

sommes parfois réduites à une parcelle de nous-mêmes : « *Et ce ventre, toujours ballonné ?* », « *Cette sciatique fait-elle un peu moins mal ?* », « *Alors, et ces pieds, encore gonflés ?* ».

Résumons. Nous ne sommes plus une personne, mais un paquet de chair et d'os.

4— La consultation

Il ouvre la porte de son cabinet. Je dis « *bonjour docteur* » et je tends la main (nous sommes entre deux Covid). Mon bras retombe dans le vide. Comme si j'étais invisible, le docteur s'approche à grands pas de son bureau, saisit une ordonnance et un échantillon de médicament et les porte à une jeune femme inquiète à l'entrée de la porte ouverte. À peine suis-je assise qu'il est de retour. J'entends cliquer : il ouvre son ordinateur disposé sur un angle de sa table.

Sans tourner la tête vers moi, c'est-à-dire de biais, il consulte son ordi tout en demandant d'une voix impatiente : « *Carte vitale* ». Puis, il me fait face. Je ne dirai pas qu'il me regarde, car ses yeux sont dirigés au-delà de mon visage... Sur le mur du fond ? Sur un souvenir ? Sur un souci domestique ?

Je finis par accrocher son regard :

— Alors, ma petite dame, qu'est-ce qui vous amène ? Je vois que les paramètres de la dernière analyse sont bons et même très bons pour votre âge.

— Eh bien docteur, en effet, pour la biochimie — enfin la prise de sang — tout est correct. Sauf qu'il y a un trop de globules blancs.

— Des leucocytes ? Oui, en effet, mais c'est bénin. On va juste surveiller ça. C'est tout ?

— Ah non, docteur. La pudendalgie est de plus en plus douloureuse, elle s'est étendue de la zone pelvienne vers le système digestif. C'est si vif que j'ai passé la journée de mardi au lit, et comme ma tante Annie n'habite pas loin, elle est venue me rendre visite et m'apporter le journal et une courgette de son jardin.

Je sais qu'il est inutile de faire le 15 pour une douleur abdomino-pelvienne, surtout quand on a passé 70 ans. Vous avez des confrères — pas vous docteur — qui disent que ce sont des maladies de femmes, une simple indigestion, une constipation passagère, le système sympathique qui dysfonctionne, voire un stress, parce qu'à notre âge...

Il me coupe. Je vois le tranchant de ses yeux bleus indiquant la sévérité :

— Madame, j'ai entendu. Cela fait dix minutes que vous parlez. Et vous aviez cinq minutes de retard. Vous me dites toujours la même chose. Il est évident que votre pudendalgie persistera désormais, inutile de faire des gestes inutiles. J'ai 27 personnes derrière vous dans la salle d'attente. Quelle est votre demande : votre pudendalgie ou vos intestins ?

— C'est justement pour ça que je suis venue : pelvis ou intestins ?

— Mais comment voulez-vous que je le sache ? Est-ce que vous marchez une heure par jour ? Avez-vous proscrit sucre et tabac? Faites-vous de la gymnastique, du vélo électrique, de la rééducation chez le kiné? Vous ne me dites rien de précis et, de plus, votre tante Annie m'est inconnue. Vous voulez une prescription, c'est ça? Vous voulez partir avec une ordonnance? À votre âge, on fait des montagnes pour un rien.

Il se tourne derechef vers son ordi, frappe à toute vitesse, arrache l'ordonnance de l'imprimante et me la lit : deux antalgiques (que je prends depuis vingt-cinq ans pour la pudendalgie), auxquels il ajoute «Meteospasmyl» pour l'intestin et un tranquillisant léger. Il me recommande à nouveau de beaucoup marcher et me dit que, dans un à deux mois, si ça ne va pas mieux, on fera une radio. Je suis interloquée. Je proteste. Et si c'était évolutif? Je subis alors la ritournelle du «*Pas de place*» : «*Les tumeurs évoluent lentement après 70 ans*», «*Seriez-vous opérable? Nous verrons ça plus tard*», et dans la foulée. «*Ce sera vingt-cinq euros*».

Je pose les billets avant de me lever. «*Au revoir, Madame, suivez bien le traitement. Et veillez à la ponctualité.*» Après cette formule en forme de mise en garde, il me raccompagne à grands pas. «*Personne suivante!*» En salle d'attente, il fait très chaud. Je remarque des visages congestionnés et des regards impatients, les conversations sont assourdies : un murmure de mères berçant leur bébé, une gamine qui court en tous sens, un Africain en tenue traditionnelle avec sa canne sculptée. Comme je frôle la femme à qui le docteur a donné un échantillon, elle me lance : «*Vous n'avez que ça à faire? Être en retard? Faut pas vous gêner. De toute façon à votre âge c'est bientôt la fin, alors que moi, j'ai quatre gosses à charge et ma petite, elle a sans cesse des reflux.* »

Oh, je sais et je déplore : le système de santé qui se déglingue, les maternités fermées en zone rurale, le « regroupement » des hôpitaux, les Ehpad frappés du sceau du scandale, le manque de personnel, le burn out de nombreux soignants, la cadence au maximum pour les ambulanciers et les pompiers, le manque de médecins en zone rurale.

Je ne développerai pas la façon dont nos concitoyens veulent faire reconnaitre la pénibilité du travail, ni comment les soignants résistent à cette déconstruction méthodique. Ce sont là des thèmes de société que je partage, mais auxquels je ne servirais à rien si je les répétais.

En résumé c'est qu'une personne âgée ne doit pas être négligée, mal orientée, mal soignée pour autant et que, par sorte d'eugénisme soft, on priorise les malades jeunes, allant jusqu'à faire le tri entre plusieurs vieillards qui avaient le Covid pour laisser vivre le moins atteint...

Sortant de cette consultation, j'étais furieuse. Ah oui, le pelvis ou l'intestin ? Ça m'a fait songer à Molière : « *Le poumon ! Le poumon !* » pour diagnostic et « *La saignée ! La saignée !* » pour remède.

Le plus irritant c'est que, même si les malades de tous âges sont concernés par l'impéritie de notre système de santé, nous sommes considérés comme étant la décennie la plus dangereuse. Je voudrais certes me tromper, mais je crains l'implicite de cette conduite : donner la priorité en fonction de l'âge, donc réduire les soins aux personnes âgées, cesser de les voir comme des humains sensibles, informés, cultivés.

De plus en plus souvent, les salles d'attente, outre les conseils anti-tabac ou ceux enjoignant à beaucoup marcher, s'ornent d'affiches où je lis : «*Tout retard entraîne la suppression de la consultation.*» «*Nous ne pouvons tolérer aucun retard vu l'affluence de patients*», «*Le Dr Soudal ne prend plus de patients en tant que médecin référent*».

Je n'ai lu qu'une fois une mise en garde témoignant du sens de l'humour, chez un kiné. «*Pour tout retard de 10 minutes, apportez un paquet de nougats à votre kiné, pour 30 minutes, une bouteille de clairette et pour 45 minutes, un bouquet de roses. Au-delà, rentrez chez vous.*»

Eh oui, on en est arrivé, étape par étape, au refus de soins de la part de ceux qui ont prêté le serment d'Hippocrate. Pour nous, septuagénaires, ce n'est pas anodin. Nous avons déjà dû écouter un disque au téléphone censé nous faire patienter, nous avons noté le rendez-vous avec soin, mais une erreur peut arriver.

Et un oubli n'est pas toujours un signe de désinvolture. Ce peut être le résultat d'une mémoire qui faiblit.

Nous avons pris un taxi dans une grande ville parce que nous sommes secoués par le bus, nous avons demandé notre chemin à un vendeur de journaux bougon, nous avons cherché dans notre agenda l'étage et le ou les codes, nous sommes montés à pied (pas d'ascenseur) pour nous entendre dire, en arrivant, essoufflées sur le seuil *: «C'est trop tard, Madame.*»

5— Tous crocs dehors

Un jour où je faisais la queue dans l'attente du résultat d'une prise de sang, je vis un homme se lever brusquement de son siège dans la salle d'attente.

Il me désigna d'un index vindicatif. D'une voix éraillée, mais forte, il rugit :

« C'est VOUS, oui VOUS LES VIEUX, qui êtes responsables de tout ça, parce que vous ne respectez aucune consigne, vous êtes des soixante-huitards attardés, vous nous rendez tous malades et en plus vous ne voulez pas vous faire vacciner. »

Comme j'étais là justement pour chercher le résultat de mon vaccin, je lui demandai s'il savait que, ayant plus de 70 ans, je m'étais soumise à l'obligation de le faire, sans rechigner, parce que je n'arrivais pas à juger de l'innocuité ou non de ce vaccin.

— Eh voilà, eh, « *on ne sait pas* »… mais c'est quoi cette femme, qui avoue ne rien savoir ? C'est des gens comme ça, qui veulent qu'on augmente leurs retraites, qu'on leur alloue des aides par-dessus le marché, alors qu'ils sont nés pendant les Trente Glorieuses avec une cuillère en or dans la bouche.

Je tacle l'impudent :

— Sachez, monsieur, que je suis née dans une ferme en 1945 dans le lit de ma grand-mère à la campagne. Le pays était dévasté, les prisonniers pas tous revenus, il y avait encore des tickets de rationnement, la « reprise » s'est fait attendre au moins jusqu'en 1955...

Je m'étrangle d'indignation, mais une infirmière m'intime de me taire, on dirait que c'est moi qui ai mis le souk dans le labo.

Ainsi va la cruauté envers les vieux. On nous regarde de travers, on nous *embrouille*, puis on rejette sur nous l'origine du désordre.

Devant l'école primaire, un groupe de galopins se moque, « *Attention, mémé, tu vas tomber* » ; une femme pressée me bouscule en crachant, « *C'est pas possible ces vieux, ils n'ont rien à faire, ils avancent comme des tortues et bouchent le passage* » ; sur le trottoir, je suis rasée de près par les vélos, les skateboards, les trottinettes avec un « *Pousse toi, la vioque ! Ça te fatiguerait peut-être ?* ». Au supermarché, je suis longue à payer, j'ai les doigts gourds. La file d'attente râle. En voiture, à la campagne je suis klaxonnée, on me fait des doigts d'honneur.

Parfois aussi on fait mine de nous aider pour mieux se moquer : « *Ah, ma p'tite dame, vous allez toucher la voiture d'à côté, serrez à gauche et reculez doucement.* » On rigole sur la terrasse du café d'en face. Je peine d'autant plus à faire mon créneau que je sens tous ces regards narquois sur moi, je me déconcentre et j'abandonne la partie, je cherche une autre place : je vais devoir tourner longtemps, je serai en retard au yoga et je me ferai tancer.

Au comptoir où je commande un Perrier menthe, un vieil alcoolique me souffle dans la figure *«vous êtes sexy»*. Peut-être que cet homme voulait vraiment me faire plaisir ?

Comme tous mes compatriotes, je suis harcelée par les esclaves des plateformes téléphoniques qui, outre le fait qu'ils sont importuns, ont pris l'habitude, lorsqu'ils comprennent que je suis âgée, d'y aller de leur petite admonestation.

La banque : *« Veuillez parler plus clairement, veuillez faire une phrase plus courte, précisez l'objet précis de votre appel»*. Mon assurance auto : *« Sachez dire ce que vous voulez»*. Et, si absurde qu'il en devient comique, mon salon de coiffure : *« Cette messagerie ne prend pas de messages»*. Sans compter les démarcheurs qui adoptent un ton jovial pour proposer un produit anti-rhumatismes et la longue cohorte des arnaqueurs en tous genres qui ciblent les septuagénaires pour leur soutirer de l'argent.

Mon cigare me cause bien des soucis. Je fume souvent dehors à une terrasse de bistrot. Voir une dame âgée fumer le cigare est déjà un scandale en soi. *«Elle doit être lesbienne»*, chuchotent quelques-uns. Avec ça, les croisés anti-tabac protestent que la fumée les insupporte. Un soir, j'étais dans une guinguette, où les jeunes parents viennent avec leurs bébés. L'enfant n'a pas trois jours, on le sort, on le montre. Pourquoi pas ? Ce n'est pas une excuse pour m'envoyer une raclée verbale pour avoir allumé un cigare à l'extérieur, non loin d'un enfant que je n'avais pas vu : *« Il y a ici un bébé de six mois à qui vous envoyez votre fumée toxique.*

Vous êtes irresponsable ou quoi ? » fulmine le père en se dressant de tout son haut.

Sauf que... J'ai ma petite panoplie d'auto-défense.

Primo, ne pas couvrir les cris par des cris afin que les pervers ne puissent pas retourner la situation contre moi. C'est difficile. Dès que j'entends que je suis mise en cause, j'essaye de me dire que c'est un exercice de self-control. J'y échoue souvent, car je suis très impétueuse, mais parfois je trouve la bonne réplique, celle qui est trop polie pour être honnête et leur ferme le bec.

Au hit-parade des missiles efficaces, je mets l'humour, celui qui met les rieurs de son côté. C'est facile quand le père outragé tient son joint caché sous la table comme je l'ai vu à la guinguette. Tourner le dos et faire semblant de ne pas avoir entendu reste possible, mais non moins difficile. De toute façon, avec le cigare au bec devant le papa querelleur, j'éteins l'objet du crime, mais lui murmure qu'il ne devrait pas fumer un joint avec un nouveau-né dans les bras. Il fait retraite aussitôt.

Au téléphone, raccrocher aussitôt est une très bonne parade, mais — méfiance — ils rappellent. J'ai reçu récemment dix messages vocaux successifs d'Orange. Quant aux précautions d'usage, je les ai notées pour ne pas être manipulée. Je vous fais grâce de la liste complète, car les artifices des centres d'appel me semblent assez bien déjoués par mes amies septuagénaires... Dans la pêche au vieux, bien d'entre nous ont appris à repérer l'hameçon.

6— Notre cocon

Vous dire que je tiens à mon arpent de terre, à ma maison aux volets blancs, à mes arbres, à mes fleurs et à la masse de la falaise calcaire qui se dessine au loin? Dans mes «*Dernières Recommandations*», puisque désormais on peut exprimer ses choix, j'ai écrit que je voulais mourir dans cette maison, que je refusais d'être admise en soins palliatifs, et que j'irai jusqu'au suicide assisté s'il le faut. Tout le monde me dit que je vais craquer en me rapprochant de la mort, mais pour l'heure, c'est clair et net. Mon option, parfois qualifiée d'obstination, suscite de vives réactions chez mes amis septuagénaires. «*Tu es folle, qu'est-ce que tu vas faire quand tu seras très âgée dans cette grande baraque? Mais c'est dément! Tu as vu la taxe foncière que tu payes! Un jour, tu ne conduiras plus. Comment feras-tu tes courses?*»

Je l'avoue. J'adhère à mon paysage comme une huitre à son rocher. Comment vivre loin de ces champs, ces haies, ces fleurs, au pied des grandioses à-pics du Vercors? S'il m'est arrivé parfois d'imaginer un «ailleurs» chanté par les musiciens, les peintres et les poètes : lac de Côme, Toscane, Andalousie... je reviens toujours, en vrai ou en pensée, à ma maison.

Je suis déçue en voyant comment *Maisons et Jardins*, *Marie-Claire Maison* ou *Idéat* présentent les photos de maisons aux quatre coins du monde, « construites avec des matériaux locaux » et par « des artisans indigènes » (là, je galèje, ils n'oseraient pas l'écrire ; ils disent des « artisans locaux »). Un drôle d'air émane du papier glacé du magazine : il scénarise une beauté de 16 ans soulevant un rideau berbère, irise la pièce d'eau d'une villa hindoue, disperse une fraîcheur agréable sous une véranda de bois exotique. C'est l'air doucereux du fric et de la néo-colonisation. De toute façon, peu de septuas peuvent s'offrir ce luxe standardisé. En fait, je suis hors sujet.

Il est des sédentaires têtus qui métamorphosent leurs demeures en taudis, faute d'avoir la force de les entretenir. J'incline à les laisser tranquilles.

Je connais un homme de mon âge, un musicien qui a joué dans les orchestres les plus réputés, jusqu'à ce qu'une maladie de la main ne l'en empêche. Il habite dans l'ancienne ferme de ses parents et de ses grands-parents, dont on peut se risquer à dire qu'elle est devenue un dépotoir. À l'extérieur, une machine à laver HS, des bidons, de la ferraille, des planches pourries, des pneus. Dans la cour, qui s'ouvre par un vaste porche, c'est un caravansérail de cuvettes, pots, chaises cassés, morceaux de poutres ou de voliges, donnant sur un four, au fond duquel il vaut mieux accéder avec une lampe de poche tant il fait noir là-dedans.

La pièce où il réside est sale, meublée d'on ne sait trop quoi. On y perçoit un lit jamais fait. C'est pourquoi je crains que la mairie ne vienne l'«*aider*», car elle recense les personnes isolées. Vu son âge et son cancer, la dernière chose à faire serait de le mettre dans un habitat pour vieux. Il a un ami qui vit dans une chambre encore habitable de la maison et lui rend quelques services. Cela suffit.

Comme je me sens bien lorsque je vais le voir, lui à quelques encablures de la mort, moi ignorant le moment, sur la terrasse couverte de vigne verte et de houblon, à parler de musique en buvant du thé à la menthe ! C'est sa façon à lui d'être vieux, qu'on le laisse pour ses derniers jours, dans le cocon de son enfance.

Certains, à mon âge, font un déménagement bien préparé et réussi. Mes amis, Pierre et Josette, habitaient Bordeaux. À la retraite, ils se sont installés dans un village du Médoc. J'estime qu'ils s'y sont bien pris. Pourquoi ? Parce que ces fourmis, avec l'argent épargné, ont acheté à la cinquantaine l'ancienne pharmacie de ce village. Ils ont consacré une part de leurs loisirs à la restaurer. Je comprends leur attachement à cette maison. Un vrai choix, bien assumé, malgré le choc du départ de Bordeaux.

Mais j'aurais été incapable d'être aussi raisonnable. Je n'aurais pas supporté que mon temps libre se passe avec la bétonneuse pour compagne. Ni que mes principales dépenses dépendent de ce chantier. Mais eux, ils sont satisfaits. Tant mieux.

Notre époque, dit-on, connait un engouement pour l'installation en zone rurale, surtout depuis le Covid. Bien des septuagénaires se sont « repliés » à la campagne. Roger et Juliette, qui habitaient un 5e droite avec ascenseur dans le XIIIe à Paris, ont eu le coup de foudre pour un corps de ferme en Bourgogne. Roger a 71 ans, affirme qu'il est en pleine forme et qu'il ne craindra pas de se faire maçon, menuisier ou carreleur. Juliette s'est réservée la décoration et le jardin. Seront-ils en mesure de vivre sans arthrose, sans troubles de l'équilibre, sans sciatique le temps de rendre habitable une ancienne grange ? Je leur souhaite bonne chance pour une audace que je ne puis partager.

Ceux qui vieillissent dans une maison de retraite sont-ils tombés en enfer ? C'est le « sujet » du moment à cause des révélations sur le groupe ORPEA qui ont jeté le discrédit sur les Ehpad, exagérément peut-être. Il y en a déjà eu. Il y en aura encore. J'y ai conduit ma mère à 79 ans, à cause de la défaillance scandaleuse d'un service d'aide à domicile.

L'endroit est coquet, le parc entretenu, les chambres plaisantes, la table bonne, les résidents bien élevés. Je n'ai ni vu ni « reniflé » de maltraitance. Sauf lors d'un été caniculaire où le personnel, pour ne pas avoir à surveiller ma mère, a fermé sa porte à clé, en laissant grande ouverte la fenêtre basse d'où elle risquait de tomber... J'entendais aussi parfois, lorsqu'une aide-soignante nous servait le thé, des cris épouvantables, des hurlements obscènes. Ils venaient de l'aile fermée où survivaient les plus déments... Je ne peux pas en parler, car je n'y ai jamais mis les pieds, ma mère ayant préservé assez de neurones jusqu'à sa mort... Peu handicapée et consciente jusqu'au bout, elle baissait un peu la voix et me murmurait : « *Ici, pour être bien traité, il faut se taire.* »

Ce qui clochait, nous le savons. C'est le manque de personnel, la politique de maîtrise des coûts de ces groupes à structure capitaliste qui gèrent un grand nombre d'Ehpad, le manque de chaleur humaine, de tendresse, d'humour, de caresses, prestations invisibles et non tarifées, donc implicitement proscrites par les directeurs d'établissement.

Toutes les procédures étaient respectées, mais sous les ventilateurs, assis comme des sacs, avec parfois des bandes de contention pour les maintenir, se tenaient nombre de silhouettes mutiques ou regardant vaguement la télé, comme désincarnées, comme déjà ailleurs. Il y a, dans ces maisons, surtout des octogénaires, mais aussi un certain nombre de septuas, *« conseillés »* par leurs enfants, ou écoutant le *« conseil »* de leur caisse de retraite, ou n'ayant pas les moyens d'une aide permanente à domicile. J'ai mesuré ce désert affectif grâce à mon chien. Je le laissais se faire caresser par les pensionnaires et j'arrivais ainsi, de fil en aiguille, à faire parler les gens.

Ce qui est en plein boom aujourd'hui et qui remplit les pages des journaux, des magazines pour les vieux et des livres sur le *bien vieillir* ce sont les villages de vieux, souvent gérés par les mêmes groupes que les maisons de retraite.

Ces villages sont composés d'un ensemble de maisons particulières avec un jardin privatif, sur un terrain bien clos avec des caméras vidéo, le tout agrémenté d'une batterie de services collectifs : cuisine centrale, centre de santé et dentaire, kiosque à journaux, tabac, vente des livres en vogue, salles de réunion, cours de fitness, yoga, tai-chi, bains bouillonnants gravitant autour d'une piscine en forme de huit. Comme en Californie.

Ma parole, on dirait un phalanstère (sans travail) ou un de ces habitats communautaires qui ont suivi la révolution russe : le capital (des habitants) et le travail (des soignants) enfin réunis ! Ce choix, à condition de pouvoir le financer, convient à certains septuagénaires. C'est un peu comme dans un camping 5 étoiles : on fait connaissance, on s'invite pour l'apéro, on s'inscrit pour des « activités ». Actif, actif, actif, et cela jusqu'au bout de la vie. Ceux qui ont apprécié les Center Park ne seront pas déçus. En plus, « *on est entre nous* »… Pas de jeunes ou de drogués dans les parages ni d'arrogants quadras. Sauf que, comme m'a confié Annie, 79 ans : « *Ici, tout est artificiel. Rien ne vient du fond du cœur. Et puis, je n'avais pas réalisé que c'est terriblement ennuyeux de ne croiser que des personnes âgées.* »

Eh oui, pour nombre de septuas, le déménagement est source de déceptions.

Il en est de peu fortunés, mais très malins : ce sont les couples qui vivent en caravane. Comme certains de nos enfants qui ont tous autour de 40 ans, ces septuas vendent la maison, achètent une caravane confortable et bien équipée, après quoi, *larguez les amarres* ! Ils vont où ils veulent, selon le temps qu'il fait et leurs envies, en France ou à l'étranger. Si vous voulez être tendance, vivez dans une caravane ! Quand votre fils aura enfin pu acheter un appartement avec votre aide, demandez-lui, mesdames, de vous offrir sa caravane pour la fête des Mères. Hélas, je n'ai pas l'esprit nomade.

Quel que soit le lieu de vie, ce que je redoute, c'est que ça sente la vieillesse. Dans les structures collectives, il traîne partout une odeur âcre et tenace, on dirait du formol, comme dans les salons mortuaires, malgré les bougies. Tout semble imprégné de cette odeur, que je dirais rance, poussiéreuse, écœurante : les murs, le sol, la literie et en conséquence, les vêtements. Dans les maisons particulières ou les appartements, l'odeur vous saute à la gorge, même si celle qui y réside est une septuagénaire soucieuse de son apparence et de son hygiène. Même parfumés, les vieux sont les vieux. Cela flotte, s'insinue, murmure mort, mort, mort. Et il y a d'autres indices précurseurs, même si la personne est appelée à se faire centenaire. Ce sont, sur les tables de nuit, des verres avec une cuillère à café dedans, les piles de médicaments, les ordonnances qui traînent, les post-it pour ne pas oublier les RV. La chambre se « médicalise » à bas bruit, tout comme la salle à manger où règne un fouillis de dossiers et de listes, la pile de linge pas encore repassée. Même les rideaux, lorsqu'il y en a, sont imprégnés de ces effluves.

J'allais parfois prendre le thé chez la mère de ma belle-mère, boulevard Montparnasse. L'appartement était décoré avec goût, par exception l'odeur y était fraîche et agréable grâce à des fleurs ou des parfums discrets.

Cette femme veillait à ce que son appartement évoque la vie. Elle avait aussi un adage : « *À partir de 70 ans, une personne ne doit pas embrasser un enfant. Pouah, c'est dégoûtant de poser les lèvres sur nos joues flétries, qui plus est avec des poils blancs au menton !* » J'aimais y aller. Il y avait un thé excellent, des Sprite et des galettes bretonnes.

7— LA CHAMBRE VIDE

Elle a fait construire une maison de plain-pied, aidée par un architecte, avec un petit jardin et une piscine. Ni trop grande ni trop petite, comme le fauteuil de Maman ours pour ceux qui s'en souviennent. C'est une femme raisonnable qui pèse le pour et le contre et arrive fatalement au milieu.

La façade offre aux regards un crépi blanc standard, agrémentée d'une audacieuse «structure bois» qui forme le corps central. On se déchausse en entrant, chaussures bien alignées sur un tapis de plastique vert. Elle vous prête des pantoufles, mais exige que vous ne soyez pas en chaussettes, parce qu'à notre âge les chutes augmentent c'est la statistique qui le dit.

À l'intérieur, il y a une cuisine américaine de couleur vert d'eau, «car le vert repose». À droite, deux chambres, la sienne et une autre garnie de lits superposés.

Au centre, le salon : à savoir un gros canapé en cuir, rescapé de l'ancien appartement et «décati», quoique «charmant» qu'elle occupait à Nancy... Je saisis dans ce «charmant» de la nostalgie et une pointe de tristesse. Le canapé est complété par deux fauteuils d'un style impossible à dater, disons acheté chez *Interior's*, «*car*, me dit-elle, *j'en avais assez de tous les meubles Empire de ma mère et de ses armoires anciennes.*» Elle a juste gardé un petit bureau qui lui sert de centrale informatique/téléphonique et un guéridon au ventre renflé, sans doute une copie de style Directoire. Le mur du fond est entièrement occupé par une bibliothèque en bois blanc. L'ensemble est rehaussé par un grand tapis ancien (rescapé de Nancy, je suppose). Ici, elle entretient délibérément le désordre, un fouillis de livres, de pelotes de laine et de tricots commencés, un catalogue de vente par correspondance, un journal à la page des mots croisés (à ce propos, elle se qualifie de «bohème») et... *Télérama*.

Télérama, je l'avais reniflé à peine arrivée sur le seuil. Ce magazine est l'alpha et l'oméga d'un nombre considérable de mes contemporaines instruites, leur ouverture sur le monde. Sur ces pages, Martine choisit son programme télé, sur Arte le plus souvent, les films qu'elle va proposer à ses amies au téléphone (« *Télérama le conseille* »), les livres qu'elle achètera. À croire que Télérama est en fait, non un magazine grand public, mais une revue destinée aux personnes âgées.

Grande liseuse, notre amie participe à un cercle de lecture. C'est normal, avec un CAPES de Français. Elle remporte en général le prix lors du concours annuel d'orthographe de notre cité et gagne le panier garni de produits du terroir qui va avec.

Elle ne manque jamais de dire, «*Ah mes livres, c'est le foutoir. Depuis que je me suis installée ici, je n'ai pas trouvé le temps de classer mes bouquins dans la bibliothèque...*», et je vois une ombre dans son regard.

Il y a deux salles de bain. « Choix luxueux », me dis-je. L'une a une baignoire avec toutes sortes de jets dans les parois, c'est une baignoire qui active la circulation, tonifie les muscles ou apporte la sérénité, où l'on jette des pétales de fleurs ou des cristaux. Et la seconde, alors ? La seconde comporte une douche à l'italienne pour « *anticiper* » un éventuel ennui moteur, pour l'heure inutile, car c'est une femme qui a bien les pieds sur terre. Juste une douleur sourde dans la jambe droite, car elle s'est cassé le péroné en randonnée à 67 ans et le sent encore, certains soirs, certaines lunes...

Aucune innovation technique ne manque dans cette maison. Le chauffage ? Un plancher chauffant que l'on ne met pas à fond, car il est complété, à la charnière entre la partie cuisine et la partie salon, par un poêle en fonte noir, pour la note écolo. Mon amie s'exclame : « *Zut, je vais devoir faire livrer un stère de bois ! De toute façon, ce n'est qu'un appoint.* »

Il semble que le charme soit rompu par le poids des bûches, les cendres par terre et la fumée insistante. Derrière la cuisine se trouve un espace technique impressionnant : lave-linge, sèche-linge, poste de repassage avec un fer à vapeur énorme, tuyaux divers de la chaufferie, robinet de fermeture d'eau, tableau électrique.

« *Mazette !* me dis-je, *je n'ai rien de tout cela, mais une machine à laver qui vient de fêter ses 37 ans, un fer et une table à repasser de premier prix. Je ne suis pas du tout à la page* ». En fait, je suis réfractaire vis-à-vis de tout ce qu'il faut envisager et payer cher pour bien vieillir. J'ai là un point d'honneur un peu ridicule, je l'avoue.

Et surtout, je sens qu'il manque quelque chose dans cette maison. On dirait une maison témoin, comme celles que présentent les promoteurs immobiliers, meublée et décorée pour être à son avantage.

Peu à peu, j'ai appris que mon amie avait construit sa maison pour son confort, certes, mais en imaginant aussi des petits-enfants tapageurs nichés dans les lits superposés, ou jouant dans la grande baignoire (tandis qu'elle utiliserait la douche à l'italienne). D'où la double salle de bain, d'où les lits superposés. Et j'ai compris aussi que ranger sa bibliothèque signifierait s'être totalement approprié la maison, un poids encore trop lourd pour elle. Quand je la quitte, la porte se ferme sur des désirs déçus, des espoirs perdus. Elle s'assied sur le canapé, soupire, pleure parfois. Puis va voir la page du soir sur *Télérama*.

PARTIE 2

LA FABRIQUE DE LA VIEILLE

8— Panique métaphysique

«*Mon sac, où est mon sac?*» Ce sont des moments où tout s'écroule, où les objets s'échappent de tes mains, où hébétée, tu changes de siège toutes les cinq minutes faute de savoir quoi faire, ceux où tu donnes des coups de fil sans objet, écris des messages aussi vides que toi, ceux où tu repasses en boucle ce que tu devrais faire et que tu ne fais pas, des moments où la vue de ton jardin ne te donne nul plaisir, où tu dodelines de la tête comme ensommeillée et où tu te relèves brusquement, marche sans but la gorge sèche, où tu ne peux fixer ton attention, où tu es envahie par une peur sans motif, une peur panique comme une vague géante qui roule vers toi, une panique de tout ce qui est toi, qui te secoue, t'emporte, dans laquelle tu roules en suffocant.

Je n'avais pas connu, jusqu'ici, cet effroi. Entre 60 et 70 ans, il m'arrivait parfois de sentir comme un flottement, un instant hors du temps qui, déjà, me faisait peur. Mais ce soir, ce petit malaise s'est mué en une immense sensation de presque mort, un sentiment de délaissement du monde, quand tu agites les mains dans tous les sens, que ta gorge se serre, que tes jambes n'existent plus, que tu n'es plus ton corps, tu n'es plus toi.

Je vais boire un verre d'eau, ça coule en dedans, j'ai donc un dedans et je fais gicler l'eau sur mon visage, j'ai donc un visage, et soudain, je sens que j'ai des jambes, des bras et un corps entier, ça va mieux, la peur reflue doucement, doucement :

— Chère madame, ce que vous me décrivez, c'est une petite panique. Il ne faut pas en avoir peur. Ça arrive à un certain âge, rien de grave, me dit le généraliste en pensant sans doute à autre chose («vite que je finisse cette consultation qui n'a que trop duré pour une banale panique»).

— Mais docteur, vous trouvez ça banal, ce sentiment de presque mort ? Enfin, il doit y avoir une explication...

Il prend sur lui pour me répondre :

— Je vais prendre votre tension. Bon. Elle est normale. Vos malaises peuvent indiquer une apnée ou une arythmie, un malaise vagal ou une chute brusque de tension, mais si cela ne dépasse pas un quart d'heure-vingt minutes, il n'y a pas à s'en faire.

— Ah oui, pas à s'en faire ?

— Prenez un petit Seresta lorsque vous êtes dans cet état. Ça vous calmera.

Seresta ou pas, les bouffées de panique me prennent à la gorge, je ne retrouve plus mon carnet de chèques, j'ai oublié ma montre à la piscine, je n'ai pas fini d'écrire ce poème, d'ailleurs la poésie c'est ce qu'il y a de plus difficile et les gens en lisent de moins en moins.

Certains jours, je crains de me faire du bien. J'ignore si vous connaissez ça. J'aime la musique... Pas en streaming qui est une sorte d'écoute forcée. Je sors un CD. Par anticipation, j'entends les premières notes venues je ne sais comment du fond de ma mémoire, je glisse le morceau dans mon BOSE, mais je n'arrive pas à le mettre en route, je me tétanise à l'idée d'entendre le morceau chéri qui résonnait déjà dans ma tête.

J'arrête à cause de la peur du trop beau, trop émouvant, alors que le plus souvent la musique me met en joie. Le « beau » provoque ainsi parfois des émotions extrêmes qui confinent à la douleur.

« Mais où sont donc mes clés de voiture ? » Je secoue tous mes sacs un par un avec frénésie, parfois même j'en pleure. Et — magie — les clés étaient déjà sur le tableau de bord...

Ces ruptures de sens commun, ces petits oublis ne préviennent pas, alors que, étudiante puis jeune femme j'étais la reine de l'organisation et de l'ordre : mes papiers triés, mon paquet prêt à m'accompagner à la poste, ma liste de courses bien calligraphiée.

Maintenant, j'achète le journal, je paye, je sors sans le prendre ; je vais chez le cordonnier, je ne sais plus pourquoi ; j'ai un fouillis de pense-bêtes dans mon cabas, tout au fond, mais non, où donc alors, où ?

Il s'agit de moments isolés, plutôt courts. Bientôt vient le soulagement, mon sac et mes clés sont là, j'ai envoyé mon Colissimo, je me suis souvenue d'un coup de fil à donner. Ces désagréments ont lieu à tout âge, mais ce qui épuise, passé 70 ans, c'est leur nombre croissant et les intervalles de plus en plus courts entre eux.

Lorsqu'une charge mentale désagréable nous accable, prenons garde à ne pas devenir une mémé grincheuse! Les colères et les éclats de voix fusent davantage après 70 ans. Je sermonne un skateur, un vélocipédiste, une voiture mal garée, je suis capable de leur envoyer une algarade de première classe, tout comme à ces jeunes qui bouchent la rue et ne s'écartent que bien après m'avoir vue arriver dans ma petite auto.

9— Les synapses désaccordées

« *Vous avez effectué trop de tentatives avec de mauvaises informations* », me dit la voix de SFR. « *Vous n'avez pas assez anticipé votre rendez-vous* », me lance une secrétaire médicale. « *Saisissez le code provisoire de confirmation sur votre iPhone. Ce code est valable jusqu'à 14 h 15, sinon vous devrez effectuer une nouvelle requête.* »

« *Identifiant non valide* », « *Mot de passe révoqué.* »

Du matin au soir, j'ai des voix qui tentent de m'amadouer, jeunes hommes, jeunes femmes, enregistrements, clones, peut-être...

Comme on dit, les enfants de 2023 sont nés avec un iPhone dans leur menotte comme nous, avec notre fameuse cuillère en or dans la bouche. Millénium par-ci, millénium par-là, geek à gauche, geek à droite, écouteurs du geek qui vous croise... Toute leur vie, amitiés, amours, horaires, itinéraires, portraits habillés ou déshabillés, recette de la salade de quinoa, ruptures sentimentales, pièces auto détachées à prix cassés, défilent sans cesse sous leurs doigts agiles. « *Adieu, Ophélie, j'ai un plan cul avec Agathe.* »

Vient une période de sa vie où l'individu utilise avec frénésie l'appli photo. Cela commence dans la salle d'accouchement et continue pour immortaliser la première risette, le bisou au doudou tout doux, la bouche débordant de bouillie, le premier succès sur le pot de chambre et les applaudissements qui s'ensuivent, sans compter la compulsion de selfies montrant bébé porté tendrement sur l'épaule de papa, ou tétant le saint sein de sa mère.

À l'âge mûr, les messages sur iPhone ou les mails sont largués dans un langage fonctionnel, précis, sûr de lui, en novlangue, avec une pointe de hauteur. C'est l'inévitable accessoire des billets de train, aujourd'hui numérisé. N'oublions pas les usages opérationnels (tableaux Excel, comptabilité, plan de travail) et encore moins les applications ludiques qui ondulent dans la souplesse soporifique du TGV. Tout cela est connu, je ne vais quand même pas tirer à la ligne ou faire un hors sujet.

Le vrai sujet est le suivant : et moi, et moi et moi ? À 78 ans, j'en fais quoi de cette quincaillerie ?

Je m'embrouille, je me coince, je me trompe, dix fois je recommence, je tempête. Pour un peu, je me cognerai contre les murs, les trente étages de ma résidence retentissent de mes éclats et de mes sanglots.

Vous objectez qu'il en va de même pour bien des sexas. C'est vrai. Mais ça s'est aggravé avec la nouvelle décennie. Sous prétexte de nous offrir plus de services, les milliardaires humanistes, les libertariens altruistes modifient leurs applications, en rajoutent allègrement, en invalident une pour en installer une autre, le tout à une vitesse d'enfer, et je me sens comme une boiteuse voulant attraper un train en marche.

Ma bête noire c'est la « *bancassurance* » qui impose chaque jour des techniques qui exigent trois degrés de sécurité. Faut « *entrer* » le mot de passe et le code d'accès, puis un autre code de sécurité qui « apparait » sur mon portable. Je panique, l'œil droit sur l'ordinateur, le gauche sur l'iPhone, je dépasse les minutes allouées à ce report, donc *bing*, crash, je dois tout recommencer.

Suis-je devenue bête ? Ai-je perdu les facultés « *d'adaptation au changement* » pourtant largement imposées par mes managers avant ma retraite ? Ma « *réactivité* » est-elle en berne, mon « *sens de l'anticipation* » à l'agonie ?

Sont-ce les prémices du loup-garou Alzheimer ? Celui-là est toujours embusqué quelque part pour nous faire frémir.

J'ai l'impression que mon cerveau flotte comme dans une calebasse. Je retiens une procédure sur un tuto et je l'oublie aussi vite, je me sens seule au monde, abandonnée devant la machine à broyer mon système nerveux, à m'amoindrir, à se gausser des diplômes très difficiles que j'ai obtenus dans ma vie.

J'ouvre un traité de gérontologie et je déplie mes IRM cérébrales. À part le fait que le cortex s'est un peu rétracté, je suis encore robuste du ciboulot. Il faut pourtant bien admettre que les apprentissages dans une langue inconnue sont plus difficiles, moins pour des raisons d'aptitude qu'à cause d'une émotion qui dresse un mur devant nous, un peu comme une gosse qui « *cale* » en algèbre. Même sans la moindre lésion, c'est notre système limbique qui s'affole. L'impression d'échec, l'émotion, l'impatience — la peur en un mot — sont plus nocives que les premières dysfonctions du cerveau rationnel.

Vous savez que, tout en étant toujours victimes et jamais coupables, les femmes ont leurs petites tactiques. Pas bête, le refus total : «*J'ai dit qu'à 70 ans je ne me servirai que d'un téléphone portable à 30 euros.*» Ce choix n'est presque plus tenable pour une personne seule, car il n'y a pas d'alternative. DÉMATÉRIALISATION OBLIGATOIRE. Exemple : les impôts ou les relevés bancaires. La tactique affichée du refus total, transgressive et pleine de panache, cache souvent un comptable embusqué, un fils ou une fille serviable et discrète, une association d'aide.

Le «*faire semblant*» n'est pas idiot non plus, mais il demande à lui seul un apprentissage. Il faut avoir un iPhone sur soi impérativement, le sortir ostensiblement de son sac, faire semblant de lire quelque chose qui donne à sourire ou à soupirer (la mimique est obligatoire) et se mettre à pianoter comme une pro un truc facile, comme un SMS qui dit : «*Je suis dans le train.*»

On peut aussi la jouer incapable, même si on connait les bases. Demander de vive voix à des jeunes à un carrefour parisien où se trouve le théâtre Montmartre-Galabru peut faire reculer le Satan de poche et ouvrir la porte à une conversation, art trop oublié.

J'ai été un peu prétentieuse, j'ai voulu apprendre. J'ai pris des cours particuliers, ça me rappelait les cours de maths de mon enfance. Aujourd'hui, je connais l'essentiel pour alimenter un ordinateur ou un iPhone. Mais je suis lente… lente. À côté des doigts agiles des jeunes, je suis comme un vieux train de marchandises. J'arrive quand même en gare.

10— Nos agendas

Nous n'avons jamais été autant «*aidés*». La preuve la plus évidente, mais non la seule, est cachée dans nos agendas. Je m'explique :

Depuis longtemps, j'achète des *Quo Vadis* qui sont adossés au rythme scolaire, car pour moi et bien d'autres, septembre, c'est la rentrée. Pas seulement des écoles, mais aussi des associations ou des activités sociales, et cette nostalgie qui nous prend à la fin de l'été en même temps que la routine.

Je conserve mes agendas de dernières années pour pallier une éventuelle défaillance de la mémoire. En vérité, ils sont maltraités, regroupés dans une boite à chaussures, au fond d'une armoire. J'exhume, au hasard, celui d'il y a six ans (2017).

Je parcours le mois d'octobre, celui de ma naissance :

Cours d'informatique lundi à 14 h, aide-ménagère à 15 h, 20 h cours de lecture à voix haute à la librairie *La Lucarne des écrivains*— théâtre Darius Milhaud, documentaire sur Arte. Mardi : 14 h coiffure (couleur, brushing), emmener Rac chez le véto pour 17 h, invitation à dîner chez Mathilde. Mercredi matin, courses au marché, conférence sur les musiques de films à *La Lucarne des écrivains*, ma librairie de quartier, à 19 h, puis *Norma* à l'Opéra Bastille. Jeudi : 17 h 30-18 h 30 yoga, 19 h Abder. Vendredi : courses au Monoprix, soins du visage Yves Rocher à 17 h 30, soirée à l'Opéra-Comique (*Gianni Stichi*). Samedi : marché, aller à Nanterre déjeuner avec mon fils et sa compagne. Dimanche après-midi promenade sur les quais vers Pantin avec Rac, à 17 h, thé chez ma voisine de palier.

L'écriture est ferme, les RV bien notés, quelques gribouillages cependant, car il y a des erreurs de dates de RV, reportés à la semaine suivante. Les événements qui durent plusieurs jours sont inscrits en haut de page, reliés par des traits horizontaux. Ainsi, de la période du 20 au 24, opéra à Baden-Baden.

Le même *Quo Vadis*, dix ans plus tard, octobre 2022.

Lundi : 11 h infirmière, pilulier, 14 h aide-ménagère. Mardi : cours d'informatique 14 h, IRM cervicale 17 h. Mercredi : kiné. Jeudi : passer à *la Lucarne*, 17 h rendez-vous chez la neurologue (en taxi). Vendredi : 14 h 20 généraliste, 13 h yoga, aller à la pharmacie. Samedi : dîner chez Armel (je décommande, car très fatiguée). Dimanche : 15 h concert sur Mezzo live.

Vous voyez à quel point le nombre de rendez-vous de santé explose ? C'est dingue ! Je passe ma vie dans les arcanes de Doctolib, les salles d'attente désespérantes de banalité de divers spécialistes, avec leurs affiches mal posées disant «*Devenez acteurs de votre santé*», les consultations vite fait sur le pouce

À ceux qui nous parlent comme à des enfants

avec la remplaçante de la généraliste en congé maternité qui refait l'ordonnance et nous pousse vers la sortie, à faire la queue à la pharmacie derrière six clients, sur le fauteuil en plastique dans les centres d'imagerie où flotte l'appréhension des résultats, comme, au labo, celle des prises de sang.

S'il est explicite, l'agenda ne dit pas tout. Il jette un voile pudique sur mes coups de barre, levers tardifs, lectures allongées sur le lit, repas aux recettes vite faites, silence des heures solitaires, montée soudaine d'une crise de larmes pour un oui ou un non, autodiscipline agaçante pour les médicaments, renonciation au concert.

Pour sûr, la marque *Quo Vadis* est une trouvaille : *quo vadis?* c'est « *où vas-tu?* » en latin. Dans les pages d'octobre 2023, la liste des rendez-vous part dans tous les sens, difficile de dégager des priorités. Beaucoup de ratures, de renvois à une autre page. Comme aurait dit un instituteur de la grande époque : « *Ton emploi du temps, c'est du travail de cochon!* » Surajoutez les coups de fil d'excuse et les mensonges pieux, comme d'avoir prétendu à une amie être allée au cinéma, histoire de dire que j'ai une « vie sociale », alors que j'étais sous la couette.

L'agenda est tout barbouillé de stylos en bout de course, de rayures au crayon, de points d'exclamation pour mieux se souvenir ou de majuscules : PRIORITAIRE devant le rendez-vous chez le coiffeur.

Vous voyez, on se débrouille. Ce qui nous éreinte, ce sont les méandres d'une information ayant vocation de se jeter dans l'agenda ou dans les contacts de l'iPhone que nous n'avons souvent pas sur nous. L'itinéraire d'une information commence souvent par une phrase au crayon dans la marge d'un journal, le transfert sur un post-it, le séjour sur un post-it contre le frigo, l'envol du contenu du post-it sur une liste exhaustive des « choses à faire dans la semaine », et enfin l'entrée dans l'agenda.

11— Danse macabre

En Septuagénie, parfois même avant, les dents nous tracassent et réclament qu'on s'occupe d'elles. Il y a celles qui bougent, celles qui tombent, celles qu'on n'a jamais remplacées tout au fond, celles qui sont cariées et que le dentiste peut encore boucher après plusieurs tours de roulette dont le crissement agace les autres dents, celles qu'il faut impérativement arracher et parfois agrémenter d'une chirurgie dans la gencive et de la pose d'un pivot. Cette intervention pose un grand dilemme : *« Est-elle vraiment nécessaire compte tenu du devis ? »*, *« Tiendra-t-elle longtemps ? »*, *« Faut-il lui adjoindre une couronne, en plastique dur, en émail, en argent, en or ? »* Des décisions à l'impact redouté sur portefeuille.

La dent en or fut longtemps une sorte d'ornement chez les vieux messieurs, tout comme l'embonpoint, signe de prospérité et d'autorité dans certaines civilisations. Chez nous, la décision est également liée à l'emplacement des dents et à la largeur du sourire. Les dames, en général, n'aiment pas qu'on remarque des dents en or qui signent ostensiblement leur perte.

Avant 80 ans, un pourcentage élevé des « sans dents » (comme un homme d'État s'est permis de les désigner) a dû adopter le dentier. Le demi-dentier à droite ou à gauche, ou carrément le dentier entier.

Cette prothèse a ses exigences. Il y a le moment où il faut enlever son dentier, le laver, le désinfecter et le mettre dans un verre d'eau à côté de son lit. Lorsqu'un homme (ou une femme) en pleins préliminaires avec une personne désirée sent que son dentier est au bord de tomber, il faut à la fois du courage et de la délicatesse. L'ôter sans faire de chichis, je connais un monsieur qui fait ça très bien.

Remarquez, tout problème à sa solution comme on dit. Il faut rajouter de la colle, si possible avant que survienne l'ardeur des baisers, car l'ablation des dents n'empêche ni le désir ni le plaisir.

12— Les peaux fanées

Ce que je vis ce matin-là, c'était ma peau. Non celle de mon visage, à laquelle je m'étais à peu près habituée, mais celle de mon corps nu que je regardai comme si je ne l'avais jamais vu. Pourtant, je me regarde souvent dans la glace. Mon regard, sans doute sélectif, jaugeait d'ordinaire ma silhouette, pour voir si j'avais grossi, si mes seins étaient encore hauts, si mes genoux n'étaient pas immergés dans la graisse, si mes chevilles restaient fines. En gros, non pas si j'étais mince, ce que je ne souhaitais pas, mais si j'avais ou non dépassé «mon poids de confort» qui se situe entre 65 et 70 kilos et si j'avais des formes aptes à susciter le désir.

Pourquoi ce jour-là? Mystère... Je venais d'avoir 76 ans et j'étais «bien dans mon corps» comme on dit. Sauf que la peau... La peau. Eh bien, ce matin-là, je me rendis compte que ma peau en avait pris un coup. Elle formait de petits plis réguliers, comme des vaguelettes sur l'avant-bras, sous les aisselles, sur le haut du ventre, à l'arrière des cuisses. Au-dessous de la ceinture abdominale, au contraire, elle était tendue comme celle d'un tambour sur le renflement du ventre. Je me trouvai comme devant une autre femme et découvris avec effroi mon corps de vieille. En vérité, je ne me souciais pas plus que ça de mon corps, parce que j'avais un ami qui s'extasiait sur mes seins, mes fesses, mes jambes, mes chevilles et que, tout en les sachant exagérés, je prenais ses compliments pour argent comptant.

Je compris que la catastrophe était irréversible, qu'elle s'était produite malgré les produits de douche hydratants et les crèmes. Quand on est septuagénaire, cela ne devrait pas nous accabler, mais j'ai ressenti un sacré choc.

Du coup, je me suis livrée à une inspection plus détaillée. J'ai vu que ma peau portait divers stigmates du passé. Il y avait la cicatrice de ma prothèse de hanches, mais elle, je la connaissais déjà, elle était très « discrète » comme m'avait dit le chirurgien. Un hématome sur la hanche gauche, pas tout à fait résorbé après une dégringolade dans un escalier en était au stade où il laisse une trace jaune après être passé par diverses nuances de bleu et de rouge.

Bref, hormis les petits plis, j'avais encore une peau acceptable si j'exceptais les taches brunes. Celles des joues et des mains étaient apparues vers mes 60 ans, mais j'en repérai une floraison de nouvelles. Oui, le reste aurait été acceptable si je n'avais pas autant des taches brunes, non seulement sur les joues et le dos de la main, mais aussi sur le décolleté, le ventre, l'arrière des cuisses et les fessiers. Interloquée, je me souvins que mon arrière-grand-mère les nommait les « *fleurs de cimetière* ».

À ceux qui nous parlent comme à des enfants

J'en parlai à une amie de mon âge, qui me dit dans un sourire :

— C'est vrai qu'on ne se voit pas vieillir. Si ça peut te consoler, sache que j'ai en plus des vergetures et des plaques roses d'origine inconnue. Mais je n'ai pas d'amant comme toi. Je me couvre les bras, même en été. J'enfile mon maillot de bain sous ma robe lorsque je suis dans l'eau et, dès la sortie, je mets un peignoir en éponge.

— Bah ! Vieille peau pour vieille peau, je laisse tout voir, c'est encore la meilleure façon de rester soi-même, lui lançais-je. Ce n'était guère amical, je l'avoue.

N'omettons pas les flèches façon martyre de saint Sébastien : attaques-éclair de moustiques, de puces et puces de lit sur une peau fragilisée, fourmis, acariens, guêpes cruelles, coupures de couteaux de cuisine et si ce ne sont pas des flèches, ce sont des plaques entières, terrain de jeu des mycoses, psoriasis, zonas, brûlures et démangeaisons. Les ongles noircissent, les cors au pied réapparaissent aussitôt enlevés. Ne pas se gratter, nous conseille-t-on. Les endroits lésés se couvrent alors d'une pommade fétide au zinc ou au cuivre et parfois même, comme pour les furoncles, on doit inciser et panser.

13— LE MASQUE DÉFINITIF

Mon arrière-grand-mère, qui fut garde-barrière dans l'Ain, disait qu'à partir d'un certain âge, il ne fallait plus montrer son cou. Elle avait des robes et des chemisiers taillés en conséquence.

Pour les grandes occasions — mariages, invitations de voisins ou de la famille, enterrements —, elle ornait sa plus belle robe noire d'un jabot en dentelle blanche fixé par un camé. Bien des dames âgées de cette partie du Bugey en faisaient autant. Le visage des vieilles, appelées affectueusement dans cette région «naines» pour «marraines», était fixé pour toujours sur les photos de famille.

Mon aïeule avait raison. C'est par le cou que commence le travail sournois de la mort sur notre peau, et ce, autour de 50 ans, tout comme les «pattes d'oie» au coin des yeux, les premiers replis à la pointe du sourire, les esquisses sur le front, le tracé non encore excavé de la ride du lion... Pour nous, septuagénaires, la messe est dite, le temps a achevé de creuser l'essentiel de ses sillons.

Cette agression de la peau par le temps qui passe, certaines femmes la combattent grâce aux soins esthétiques, aux injections de Botox ou de collagène, au laser, voire par la chirurgie esthétique. Cela peut illusionner quelque temps. En outre, ces techniques ont fait de réel progrès et on voit moins de peaux ou de paupières distendues. Les opérations ont cessé d'être une vraie aventure jalonnée de risques, mais gare aux malicieuses failles qui réapparaissent toujours ! Entre 70 et 80 ans, les sillons font partie de notre visage, notre masque de vieille est définitif.

Mes rides sont profondes, surtout celle du lion qui barre le front et celles qui déparent le bas des joues. Je les prends comme elles sont, tout en les atténuant avec une BB crème qui sert aussi à couvrir les taches brunes.

Les hommes, de leur côté, me semble-t-il, affectent de considérer que les rides ajoutent à leur charme. Certains dragueurs impénitents ne sont pas loin de les considérer comme un atout.

Mon ami François en est persuadé : « *Mes rides ? Ça me donne l'air d'une personne mûre, sur les épaules de qui une femme peut s'appuyer. Les éphèbes les intimident, les hommes de 40 ans draguent trop ostensiblement.* » Ajoutons qu'en général les hommes qui ont été beaux se considèrent beaux pour l'éternité. Il n'est donc pas interdit de s'en moquer en les traitant de « vieux beaux ».

Ceci dit, un praticien des soins esthétiques bavard m'a confié en catimini que les hommes qui choisissent le bistouri sont plus nombreux qu'on ne le croit.

C'est vrai, ça... j'ai aussitôt vu surgir dans ma mémoire des photos de Berlusconi !

En caricaturant un peu, je constate que les rides masculines sont louangées et les rides féminines dépréciées. Voyez comme Moïse est paré de ses profondes rides, ou Poséidon de son front craquelé ! Le « *noble vieillard* » n'a pas encore disparu de l'univers occidental. Il perdure dans les cultures du Moyen-Orient ou de l'Asie. En tout cas officiellement.

En Afrique, les gens disent « mama » à une dame dès qu'elle a passé 50 ans. En France, les émigrés d'Afrique me l'adressent souvent, mais avec tendresse. J'aime mieux « *mama* » que « *p'tite vieille* ». Demandez-vous pourquoi.

Si nous faisons un petit détour du côté de l'anthropologie, nous constatons que le vieillard est souvent un sage, chef de village, gourou, dieu ou demi-dieu, ou encore un ermite paré de sa barbe blanche, alors que les vieilles, sorcières, marâtres, usurières, empoisonneuses ou ogresses ont un visage de pomme ridée et un nez crochu.

Dans l'univers de l'esthétique, on dit que la peau perd son éclat. C'est peut-être notre peau grise qui impose la comparaison avec une pomme ridée, à moins qu'elle ne soit un souvenir méchant du péché originel.

Par bonheur, les rides ne font pas un visage. Un regard, un sourire peuvent transfigurer une personne âgée. Les rides c'est de la peau, le visage c'est un reflet de l'âme.

Je connais des femmes de 70, 80 et même de plus de 90 ans, avec une lumière sourdant derrière la peau plissée, une expression amusée ou affectueuse dans le regard, une force de vie qui ne les empêche pas d'être tout autant contemplatives, le visage au repos dont émerge comme un troisième œil, non l'appareil optique, mais l'œil intérieur porteur de visions, d'images, de jeux de couleurs, de sons inaccessibles aux autres.

Qu'il soit tanné, désabusé, virevoltant comme un papillon, autoritaire, bienveillant, grognon ou ce que vous voudrez, notre visage, pendant les dix ans de septuagénie, bouge donc peu. Toutefois, mes amies ne sont pas figées de la tête aux pieds, à la différence des « naines » qui semblent fabriquées en série : le chignon sur la nuque, les cheveux bouffant un peu sur le front, le caraco de lainage, la longue jupe brune, et le tablier bleu d'où sort l'extrémité des sabots. J'ai le sentiment qu'à ce jour les septuagénaires ne sont pas à ce point copie conforme. Elles ont le visage plus ouvert, elles sourient davantage, ont le corps moins épaissi. Déduisons donc (ou plutôt parions) que ce ne sont pas nos rides qui indiquent au boulanger que nous avons franchi la frontière du monde des p'tites dames.

PARTIE 3

LA FARANDOLE DES AIDANTS

14— Un défilé incessant

Dans *Le Bourgeois gentilhomme*, la maison d'Oronte voit passer un défilé de professeurs de danse, de versification, de bonnes manières, de médecins... Notre bourgeois s'entoure de *coachs* (dirions-nous aujourd'hui) pour devenir aristocrate.

Chez nous, ce sont les «*aidants*» qui se pressent. Ce mot fourre-tout désigne tous ceux qui nous «*aident*» : à marcher droit, à ne pas trébucher ou tomber, à ne pas nous prendre les pieds dans le tapis, à ne pas nous affaler à cause d'une bordure de trottoir, à prendre nos médicaments, à remplir nos papiers, à nous servir de notre iPhone...

L'«*aidant*» est une infirmière, une aide-soignante, un kiné-sithérapeute, un ostéopathe, un masseur, un acupuncteur, une femme dévolue à l'hygiène corporelle, une aide-ménagère et cuisinière, une dame de l'association France Alzheimer, ainsi qu'enfants, neveux ou nièces, et bien d'autres...

C'est un méli-mélo de bénévoles plus ou moins consentants, touchant ou non le RSA, en grande majorité des femmes peu rémunérées ou les filles des vieilles mamans (plus rarement les fils).

Des statuts divers, souvent précaires, couverture sociale et congés payés pour les seuls affiliés au CESU. Disons qu'il y a cent ans, on les aurait appelés «*domestiques*». Fi donc de ce terme patriarcal! Une fois le mot escamoté, les politiques peuvent fanfaronner et déclarer que toutes ces personnes «*ont trouvé un emploi*». Les filles, en revanche, sont souvent empêchées d'en avoir un.

Ainsi donc, comme chez M. Jourdain, c'est une procession de gens qui viennent nous apprendre, non à être aristocrates, mais à «*bien vieillir*».

Le bien vieillir est devenu et deviendra plus encore le mantra pour soulager les vieux. Dans ma bibliothèque, outre «*comment bien vieillir chez soi*», j'ai «*la vieillesse ou la sérénité*», l'inoxydable oxymore «*vieillir sans devenir vieux*», et tutti quanti, tout ce que nos communicants créatifs sont capables de trouver comme formules, jeux de mots et paradoxes. Ces acrobates du verbe sont payés pour nous apprendre à prendre soin de nous. C'est le mot-clé pour nous constituer en catégorie à part, un tronc d'arbre sans racines ni feuilles, sans passé ni avenir. On nous garde cependant et nos enfants s'y assoient parfois comme sur un vieux banc avant qu'il n'aille à la scierie.

Si vous résidez chez vous, comme la plupart des septuagénaires, vous recevez dès le matin un tohu-bohu d'aidants, parfois deux par erreur d'agenda. On vous lève pour faire votre lit pendant que vous vous habillez vous-même, si vous en êtes encore capable. Puis ce sera l'infirmière, le masseur, *etc.*

Si vous finissez par en avoir assez, reste le réconfort des aidants de l'âme. Dans votre passé, vous avez sans doute

À ceux qui nous parlent comme à des enfants

consulté une psychologue ou un psychiatre. Le marché est désormais largement ouvert au «care» (le soin en anglais), comme si nous l'ignorions.

Il suffit d'aller au magasin bio du coin, chez le médecin, le pharmacien, la salle de sports, pour récolter une vingtaine de flyers de ces marchands de bonheur.

Leur rôle est de nous apprendre à passer les durs obstacles de notre décennie, à subir les manies de nos autres aidants, à reprendre des forces et de l'énergie vitale, et de là, maintenant que nous en avons «le temps», nous émerveiller, contempler, méditer.

Les techniques comportementales, la relaxation, l'entremise d'un gourou (hindou, tibétain, chinois), la méthode Feldenkrais, la méthode Poyet, la disparition des traumas, la danse libre, la méthode Rosen, la fasciathérapie, et j'en oublie, finiront par nous convaincre que «nous sommes heureux».

Si nous allons chez eux, vous trouverez des points communs avec ceux des médecins. Par exemple, nous devons veiller à être très ponctuels, tant la file d'attente est longue. Il y aura quelques chaises, un Bouddha dans un coin, un bâton d'encens, une lampe posée au sol sur un vieux tapis élimé. Parfois, c'est eux qui viennent. Ils m'évoquent les directeurs de conscience des nobles dames, Jésuites, les «Messieurs de Port-Royal» ou membres du clergé séculier.

Parmi ces gens de maison new-look, vous risquez de tomber sur des sortes d'Attila, le chef des Huns qui, d'après la légende, passait où l'herbe ne repousserait jamais. Mes aidants arrivent avec un bric-à-brac déposé un peu n'importe où : huiles essentielles, thés, infusions, plantes à tout guérir, pilules

14— Un défilé incessant

d'homéopathie, litanies et mantras, tensiomètres, thermo-mètres, pilulier inégalement tenu, ordonnances froissées, boites vides et précautions d'emploi tombées au sol, sans oublier la seringue, le désinfectant, la gaze et le rince-bouche. Plus d'in-timité. L'aide-soignante aura déplacé mon beau bouquet de tournesols pour poser mes culottes en papier, mes chers CD ont été repoussés et rangés n'importe comment afin de dégager l'espace où l'infirmier use de son stéthoscope, où l'urgentiste posera le boitier pour un examen cardiaque (« respirez... souf-flez... »). Cette profusion devrait me rassurer. Pourtant une grande partie de mon énergie est dépensée à tout remettre en ordre, les pilules dans le pilulier, les ordonnances dans leur classeur, le bouquet de tournesols à sa place, les choses à jeter dans les corbeilles à papier, sans oublier d'enfermer les instru-ments et potions. Sans oublier de refaire mon lit, malmené par diverses manipulations, d'aérer et de dissiper les senteurs diverses qui signent la vieillesse.

15— LE RETOUR DES SOUBRETTES

— Je lui ai donné un gros pourboire et pourtant je la paye au CESU. Je donne 50 % de charges, vous vous rendez compte !

— Rassurez-vous, Annie. À partir de 75 ans, les charges baissent nettement.

La personne dont il est question est l'auxiliaire de vie. Ma mère dit « *la soubrette* » et l'appelle « *Marie* ».

Elle est appelée à faire tout ce dont une personne âgée est théoriquement (selon une liste donnée à son stage de formation) incapable de faire. Appliquée mécaniquement, elle contribue à renforcer l'incapacité. Entre 70 et 80 ans, certaines se contentent encore d'une aide-ménagère (novlangue pour femme de ménage). Dans ce cas, elle a la cinquantaine et se nomme Denise.

Je dois vous prévenir, car « l'auxiliaire » peut vous tomber dessus comme la foudre avant 80 ans. Lorsque les aidants familiaux sont trop fatigués ou trop impécunieux pour continuer à s'occuper de vous en plus de leur profession, de leur mari et de leurs enfants, on n'est pas loin du burn out. C'est ce qui m'est arrivé quand je m'occupais de ma mère.

J'avais sollicité une association qui propose ces employées polyvalentes (en novlangue aussi) avec l'aide du Conseil départemental qui octroie une somme aux personnes âgée, l'APA (Allocation personnalisée d'autonomie) qui assure, dit sa brochure, « *la vieillesse sans souci* ».

Accrochez vos ceintures ! Les auxiliaires débarquent dans votre intérieur, entrechoquent les casseroles pour vous préparer une soupe, mettent une lessive en marche, tapotent vos oreillers, passent l'aspirateur ronflant à l'heure de la sieste, se présentent à votre chevet ou près de votre fauteuil pour dresser la liste des courses. Elles filent avec votre caddie et votre argent ou, si vous pouvez marcher, vous accompagnent en vous donnant le bras, un signe d'intimité qui n'a rien à faire ici. Ce sont en général de jeunes femmes pleines d'énergie et de vie qui n'ont ni diplôme ni travail antérieur. Elles oublient parfois de vous rendre la monnaie, mais vous apportent du muguet le 1er mai, car elles ont bon cœur. À moins qu'elles n'aient accepté, contraintes et forcées, une activité qui ne leur plait pas.

Les auxiliaires sont des femmes à quasi 100 %. C'est normal, c'est un travail de femmes. On leur a appris, au cours d'une formation rapide, à se soucier de la « solitude » des vieilles personnes, de leur « tristesse », de leur « désarroi ». En conséquence, elles passent de longs moments, assises à leur chevet, à raconter leur jeune vie, et surtout leurs déboires sentimentaux, afin de reposer leurs jambes fatiguées « à force de courir dans tous les sens ».

Leur relation avec vous est très délicate, car vous n'avez pas forcément bon caractère. Et certaines dames réprouvent leurs piercings, leurs tatouages et leur nombril à l'air qui ne leur donnent pas un look de soubrettes. De nos jours, imposer un tablier ou une blouse, c'est de la maltraitance.

Je suis coupable ici de généralisation abusive, car nombre de ces jeunes femmes sont attentionnées, savent devancer les désirs, prendre des initiatives sans être intrusives.

Ma maman est tombée sur un mauvais numéro. Vers 75-76 ans, elle a plongé : troubles de la mémoire, du comportement, du transit. Je ne pouvais pas me contenter de faire chaque semaine un aller-retour Paris-Valence en TGV pour suffire à tout. Je contactai donc une association. Suis-je tombée sur l'exception qui confirme la règle ? Ma mère fut bien mal aidée. Son auxiliaire de vie passait vite fait l'aspirateur, pendait la lessive n'importe comment, fourrait le linge non repassé dans les placards, mais appréciait visiblement le volet «psychologique» de sa fonction en restant des heures à «s'entretenir» avec elle.

Elle avait pris possession des lieux, mettait la radio, voltigeait sans presque rien faire d'autre que de soulever la poussière. Elle arrivait comme une princesse, vêtue des derniers vêtements à la mode, maquillage permanent des sourcils, faux cils, rouge vif aux lèvres, nombre de bagues et de chaînettes. «*Cela relève de ma liberté*», m'avait-elle taclée, un jour où je lui demandai de limiter les effets fluo dans son maquillage et de baisser le son...

C'est alors que j'entrepris de convaincre ma mère d'aller dans un Ehpad, proposition qui ne lui plaisait pas du tout, mais qu'elle finit par accepter pour éviter le pire.

16— Vieillesse mécanique

Eh oui, il faut bien le dire : notre décennie est l'époque où nos « aidants » et nos « soignants » nous dotent de divers mécanismes extérieurs, amovibles ou incrustés dans notre corps.

C'est un apprentissage progressif ayant, en général, pour dernier acte le fauteuil roulant. Ces aides inanimées sont faites pour suppléer la décalcification, l'ostéoporose et l'arthrose. J'en oublie, bien entendu.

L'aventure commence souvent par la canne. Tenir une canne est, pour un ou une septuagénaire, un symbole douloureux, un peu comme l'usage d'un pilulier pour les sexagénaires.

Il n'en fut pas toujours ainsi. Combien de vieilles personnes ai-je vues autrefois s'appuyer avec confiance, voire fierté sur leur canne ? Celle du paysan ou du berger, comme un bâton surgi de l'arbre, celle du bourgeois en beau bois ciré et gravé, protégé au contact du sol par une pointe métallique, une canne fétiche à la Sherlock Holmes.

À ce jour, la coquetterie de la canne n'existe plus. Les cannes sont des tiges en métal terminées par une pièce horizontale coudée pour reposer les mains et le poignet. La canne est devenue le symbole de l'affaissement de notre squelette. Comme elle est laide, cette signature de la vieillesse !

Je n'ai pas de canne, mais on a voulu me fourguer en douce un objet encore plus horrifique : le déambulateur.

Je vais vous raconter comment. À la fin de l'hiver dernier, je me suis rendue dans un magasin chinois pendant les préparatifs de leur Nouvel An. Je vois, accroché au plafond par un fil, un poisson en tissu bien rembourré aux écailles éclatantes. Je lève le bras pour m'en saisir et là...

Je dévale, tête en avant, un escalier très raide conduisant aux réserves et ouvrant, sans aucune barrière, sur le magasin. Affolé, le personnel me réconforte, m'apporte de l'eau, me propose une chaise, avant de m'aider à remonter avec mille prévenances.

Je ne suis pas blessée, mais très contusionnée, car je me suis cognée de partout sur les marches étroites. Le patron est plus que galant : il me propose sa grosse voiture pour me reconduire chez moi, il me fait cadeau du poisson. Une demi-heure plus tard, il prend courtoisement de mes nouvelles. Je réalise alors que — tout en redoutant de me tromper — ces égards exagérés signifient qu'il est mort de trouille que je porte plainte !

Par acquit de conscience, je vais consulter pour voir si je n'ai pas une commotion trop grave. Je boite légèrement. Sérieux, le généraliste ! Il me fait une ordonnance pour... un déambulateur.

Cet engin du diable est commode. Il a un petit filet pour y mettre les courses. Ou même un petit panier métallique qui le fait ressembler à un caddie. Mais, observez bien un être humain dans cet équipage...

À ceux qui nous parlent comme à des enfants

Une personne qui marche avec cet engin se tient le plus souvent voûtée, car elle appuie fortement sur la barre du haut. Usant de cette facilité, elle actionne les jambes avec parcimonie, en trainant des pieds.

Pour sûr, si quelqu'un a du mal à marcher, le déambulateur ouvre la porte de la maison, de l'ascenseur, de la ville, disons de la vie ! Mais l'ergonome devrait revoir sa copie, car c'est une aide qui aggrave l'effritement de nos os.

Quand un morceau de nous-mêmes semble se détacher de nous pour devenir un cocon de souffrances nouvelles, nous avons recours aux prothèses.

J'ai anticipé lorsque j'ai senti que ma hanche gauche ne répondait que malaisément à ma marche. Les coussinets qui protègent les os devenaient spongieux.

J'ai passé presque tout un été à ne presque plus pouvoir marcher à cause de la douleur et de la perte de mobilité.

À l'époque, nombre de spécialistes plaidaient pour opérer le plus tard possible. Ils proposaient des infiltrations en série, des séances de kiné, ou de nous « supplémenter » avec des alicaments divers. On y laissait pas mal d'argent dans un combat douteux. Je veux croire que cette arnaque se raréfie, car je vois en plein Paris des affiches 4x4 vantant les vertus de la marche. « Marchez, bougez » devient à la mode.

À 56 ans, j'ai dû beaucoup insister pour être opérée, le spécialiste me trouvant « *trop jeune* ».

Et j'ai bien fait ! Ma PTH gauche (prothèse totale de hanche) m'a permis de monter à nouveau à cheval, se livrer à la randonnée, nager dans la rivière, et j'irai presque jusqu'à dire que cette prothèse s'est révélée plus costaude que l'ancienne hanche.

J'en suis maintenant à sentir une faiblesse de la hanche droite, bien décidée à ne pas tarder pour mettre une prothèse. La mécanique, tant décriée, est souvent utile.

Plus douloureux et plus handicapant est le genou qui devient mou. L'opération est plus délicate et la rééducation plus longue et plus pénible. Mais que faire avec un genou qui ploie et fait mal? J'ajoute que j'ai été parmi les premières à recevoir une prothèse en titane, un métal très solide.

Notre corps devient peu à peu l'hôte de toute une quincaillerie : le stent pour tenir la veine cave ouverte, des clous et des plaques pour les fractures graves (aux épaules souvent), le stérilet (mais c'est antérieur à nos 70 ans), les pivots et dentiers dont je vous ai déjà entretenus, l'anneau gastrique aux résultats contestés.

Dans notre boite aux lettres, nous sommes invités à un diagnostic auditif gratuit. Nous chiffonnons le papier et le jetons.

Car la surdité s'insinue peu à peu. On ne s'en rend pas compte au début et il faut que nos proches nous disent que nous parlons fort ou que nos voisins nous demandent de baisser la musique. J'ai négligé de faire des tests. J'ai vu tant de personnes « appareillées » qui avaient des acouphènes ou entendaient des bruits parasites! Il parait que le système est désormais au point, et surtout très discret. Je capitule et fais le test (gratuit). Mes écouteurs naturels se portent très bien.

La question des aides mécaniques est donc à regarder de près. Aider, oui, mais créer un appui artificiel qui vous enlève les forces que vous avez conservées n'est pas utile. Sauf pour les directrices de maisons de retraite qui rechignent à employer une infirmière pour donner le bras à une petite vieille autour du parc et qui, à la première faiblesse ou à la première chute, dotent leurs pensionnaires d'un fauteuil roulant.

Un jour où je rendais visite à ma mère, elle qui marchait sans canne ni béquilles, j'eus la surprise de l'apercevoir dans un fauteuil roulant. Elle gardait les yeux baissés, elle avait honte :

— Mais maman, pourquoi es-tu en fauteuil ? Tu es tombée, tu es blessée ?

— Non. Ils ont juste dit : « *Allez, ma p'tite dame, vous serez mieux là-dedans* ».

Je file à la direction.

— Pourquoi ma mère est-elle en fauteuil ?

— Il fallait bien en venir là. Elle donnait beaucoup de travail au personnel à cause de ses chutes.

— Où est le règlement intérieur ? Ah, je vois qu'il faut une décharge. Donnez-là moi, je signe. Demandez sur le champ à une aide-soignante de faire disparaître ce fauteuil.

Le fauteuil roulant semble l'aboutissement inéluctable d'une vie, au point d'être schématisé sur les panneaux routiers. L'équation « septuagénaire = fauteuil roulant » n'est pas tout à fait établie, mais le temps viendra...

C'est l'emblème du vieux. Presque tous se sont laissé persuader par l'écrit, l'oral, la publicité, la radio, la télévision : ils franchiront les portes de la mort sans utiliser leurs pieds.

L'expression « les pieds devant » n'aura plus aucun sens. Comme si, à notre naissance, une méchante fée avait murmuré : « *Ton sort est scellé : tu mourras en fauteuil roulant.* »

17— Le Grand oral des mémés

La directrice de la maison de retraite où venait d'entrer ma mère, à 86 ans, me convoque au téléphone pour « *l'assister* » dans son « *girage* » (dans ce récit, je suis encore sexagénaire).

Girage ? C'est quoi le girage ? Un virage ? Un garage ?

Je la questionne, une voix dédaigneuse me répond :

— Mais enfin madame, vous ne connaissez pas la grille AGGIR ? Vous avez inscrit votre maman dans notre établissement et vous ignorez la grille AGGIR ? C'est comme ça que nous la nommons pour ne pas avoir à répéter «Autonomie-Gérontologie-groupe ISO-Ressources». Si vous avez jugé, avec son accord, qu'il était temps qu'elle entre dans une maison de retraite, c'est inévitable.

Je tente un décodage :

— Vous voulez que ma mère entre dans un groupe de parole pour faire le point sur la perte d'autonomie, la gérontologie — qui est la science du vieillissement —, le groupe ISO — qui certifie des choses apparentées, ISO 2000 par exemple —, et les ressources — ce qui peut désigner sa force intérieure ou son compte en banque ? Le girage est donc un moyen pour le personnel de mieux communiquer avec ma mère ?

— C'est un peu ça. La grille AGGIR consiste à classer la perte d'autonomie d'une personne.

— Classer ?

— Tout à fait. Selon sa réponse à une grille de tests, nous pourrons classer la personne en GIR1, 2, 3, 4.

— En quoi ma maman, qui vient chez vous pour trouver des services hôteliers, infirmiers, médicaux et psychologiques, doit-elle entrer dans cette grille ?

— Voyons, Madame, selon la façon dont votre mère est *girée*, elle obtiendra une aide financière du conseil départemental, l'APA (déjà évoquée plus haut), pour vous aider à payer les mensualités qui nous reviennent.

Je comprends enfin que même les personnes âgées en difficulté sont étalonnées afin de toucher telle ou telle somme qui me déchargera en partie de la somme mensuelle de son séjour.

Je soupire. Encore et toujours évaluer, noter, classer pour obtenir un bonus : ma capacité à aider ma mère.

L'évaluateur est mandaté par le Conseil départemental. La directrice, le médecin coordinateur de la maison et un membre de la famille assistent à la séance et peuvent intervenir. Je n'aime pas cette idée de classement, qui plus est associée à une subvention. Mais, bon, j'y vais quand même après trois heures de TGV et d'autobus.

Je me présente et j'entre dans un bureau où la directrice me désigne l'évaluatrice, le médecin coordinateur, et dans lequel je vois surtout ma mère, assise sur une petite chaise, vêtue de son tailleur Saint-Laurent et de ses chaussures Bally, ainsi que de sa bague de fiançailles, son collier de perles et son semainier en or, indispensables à sa dignité.

C'est à peine si j'ai remarqué qu'elle s'était mise sur son 31, car elle était tassée et comme ratatinée, muette, à part un timide bonjour envers moi. L'évaluatrice se tenait derrière un bureau, un fourbi de papiers devant elle.

Et le girage commença :

« En tant que personne consciente, exempte de démence, acceptez-vous, Madame, cet interrogatoire ? » demande la directrice. Ma mère murmure un « Oui ». « Je passe donc la parole à l'évaluatrice. »

Cette femme d'environ 45 ans est sobrement vêtue, hormis un chemisier jaune avec un gros nœud.

Première question :

— Pouvez-vous marcher, monter les escaliers et les descendre sans déambulateur et sans canne ?

Elle répond que oui, bien sûr, suscitant un jeu de sourcils soupçonneux de la dame au chemisier jaune :

— Elle a tout de même 84 ans, dit-elle en s'adressant à nous. Un âge où, selon la grille, on indique de sérieux problèmes ambulatoires.

Puis, se tournant vers ma mère :

— Levez-vous. Faites le tour de la table. Bon. Pas de douleurs, de fourmillements ?

— Non, répond l'examinée d'une petite voix, mais je suis très frileuse et j'aimerai bien une autre couverture.

L'évaluatrice lui répond que cette question ne figure pas dans les tests, mais que l'on veillera à sa demande.

C'est révoltant de voir ma mère obéir ainsi, à 84 ans, à cette question, alors qu'elle a encore des jambes d'acier pour avoir, à chaque vacance scolaire, parcouru 150 km à vélo avec une grosse valise entre la maison de sa grand-mère qui l'élevait et celle de sa mère, veuve à 24 ans, qui exerçait le métier de sage-femme. Plus tard, elle allait à vélo pour les courses, la promenade, les rendez-vous, comme bien des gens pendant l'entre-deux-guerres. Et c'est à vélo qu'elle portait du ravitaillement aux maquisards.

Assise à côté d'elle, je voyais ses chevilles fines et ses jambes musclées. J'ai eu honte pour elle de devoir faire le tour de la table. J'ai failli dire à l'infirmière qu'il suffisait d'observer, mais c'est à croire que le corps médical considère qu'une femme âgée a forcément perdu l'usage normal de ses jambes, puisque la grille le dit.

Ensuite :

— Levez les bras très haut, avez-vous mal aux épaules ?

— Non, pas du tout.

— Tirez plus fort vers l'arrière.

Ma mère tire sans effort. Elle était capitaine de l'équipe de handball de son village et a fait de la culture physique tous les matins de sa vie adulte.

Je la voyais traquée comme une souris de laboratoire.

— Je vois, reprit le nœud jaune, que vous avez eu deux primo-infections suivies d'une pleurésie. Avez-vous les poumons fragiles ?

Ma mère élève enfin la voix :

— Oui, madame, et j'ai failli en mourir. J'ai séjourné deux fois à la montagne et depuis je ne supporte pas le moindre courant

À ceux qui nous parlent comme à des enfants

d'air. À l'époque, on redoutait la tuberculose, mais je ne l'ai pas eue. Seulement, depuis, je suis très fragile, j'ai froid avec la climatisation. Donc si je pouvais avoir une couverture...

— Je comprends, mais cette maladie appartient au passé maintenant et pour la couverture je vous ai répondu. Passons au point suivant.

Nous entrâmes dans l'évaluation cognitive. Une série de tests simples, des dessins permettant de reconnaître des animaux, ou demandant de leur accoler un adjectif. On aurait dit ces petits exercices proposés en maternelle. Ma mère, déjà déroutée par l'inanité du questionnaire, écrivait de travers ou oubliait une date. Il y eut quelques opérations simples : additions, multiplications. Elle se trompa une fois. Elle, qui avait au début pris cette évaluation comme une sorte de jeu de société où elle ne pouvait que briller, commença à s'agiter. Elle maugréait. D'un seul coup, elle se dressa :

— Madame, j'ai mon brevet supérieur. Je suis instruite et cultivée. Arrêtez de me prendre pour une petite fille.

L'évaluatrice ne dit mot. Je la vis noter : nervosité, impatience, susceptible, complexe de supériorité.

Elle demanda alors à ma mère si elle voulait poursuivre. Elle émit un « NON » clair et net. L'évaluatrice, se tournant vers moi, me fit remarquer qu'en ce cas ma mère ne serait pas girée et ne toucherait donc aucun APA jusqu'au prochain girage, un an plus tard. J'acceptai. La dame fit la grimace et me demanda de signer une décharge, la directrice eut une expression affligée, quant au toubib, il faisait des mots fléchés.

PARTIE 4

LA MUE ?

18— Honneur aux Anciens

Désigner un ou une septuagénaire du nom d'«Ancien» avec une majuscule est une marque de respect. Je ne l'entends presque jamais à Paris, mais assez souvent à la campagne, dans les petits villages où perdure la courtoisie paysanne.

Dans le journal local, le transgénérationnel fait florès. «*Les Anciens de Sainte-Marie rencontrent les CM2 du collège du Pont*», «*Nos Anciens ont assisté à une conférence sur la vieillesse heureuse*». N'oublions pas la vertu thérapeutique des animaux : «*Les résidents de la maison "L'âge d'or" se sont réjouis des petits bonds des lapins dans la cour, prêtés par un éleveur local.*»

Il est très facile de dresser cette liste, elle pourrait tenir tout un livre.

Donc, les Anciens existent, ils ont des clubs, des associations, des activités...

«Ancien» implique du respect, de la vénération même, il est très souvent accolé à notre décennie, car avant, les sexagénaires font tout comme les jeunes, la randonnée, la natation, l'équitation, la gym douce, le yoga, la dégustation de vins, sans omettre le bénévolat. Souvent adopté dès les sixties, le bénévolat est le fleuron du vieux « actif ».

Arrivé à 70 ans, cet art de vivre perdure parfois. S'ils sont moins présidents ou vice-présidents d'une association à cause d'une fatigue croissante, ils trouvent un créneau comme trésoriers, confectionneurs de cakes aux fruits pour les buffets, projectionnistes de vidéos sur l'Égypte ancienne. Ah non, ils ne manquent pas d'initiative !

J'avoue ici que je n'apprécie que peu ces structures ou activités, car, mine de rien (et pas toujours bien entendu) elles enferment, même si elles se disent « ouvertes », les pensionnaires. Cela m'ennuie, ces ghettos. Les Anciens ne sont pas associés à la descente de la Drôme en kayak (dont beaucoup sont encore capables avec un jeune rameur), au désherbage de la bibliothèque ou à l'aide aux devoirs. On les regroupe dans des cours de « gym douce » ou de « yoga des aînés », alors qu'ils pourraient aller au cours des plus jeunes et s'adapter, faire de leur mieux. Mais non, ils se sont laissé glisser dans la cage « des vieux », un monde d'activités récréatives, sans tenir compte de leurs aptitudes et de tout ce qu'ils pourraient transmettre. Ils ne sont plus maîtres de leur vie, mais de décisions prises sans eux, sur un schéma type du « vieux ».

19— Le blanc triomphant

À partir de 70 ans, nous avons tous et toutes des cheveux blancs ou, disons, gris.

Qu'en faire? Les hommes les gardent souvent en couronne autour de leur calvitie, ou les laissent ainsi pousser, pensant peut-être que la longueur ferait oublier la tonsure. Ils se trompent, car on détecte vite leur camouflage. Ceux qui se donnent pour artistes, musiciens ou simplement séducteurs, font bouffer et friser leur chevelure blanche, façon Moïse ou Neptune. N'oublions pas la cohorte des calvities totales qui n'est pas propre aux septuas. Elle touche le plus souvent les hommes et plus précocement.

Les femmes? En abordant les rives de la décennie des septuas, beaucoup d'entre elles ont déjà pris un tournant radical, expression du «*naturel*», un des mots-clés de nos modes et de nos maquillages. Elles affectent de dédaigner l'artifice de la coloration et arborent une crinière blanche.

«*Le plus souvent* — m'explique mon coiffeur —, *ce n'est pas leur blanc naturel, mais un blanc brillant et éclatant dont nous usons comme d'une couleur.* » Le blanc est partout, en particulier sur les magazines, publicités, et catalogues de vente. Pour inciter à souscrire à une assurance obsèques, par exemple, l'image est celle d'une femme d'environ 70 ans, souriante sous son auréole blanche, entourée d'enfants et petits-enfants aux cheveux de diverses couleurs. En arrière-plan, un peu flouté, se tient un grand-père dégarni au sourire bienveillant. La coupe de la septuagénaire est simple, en général des cheveux effilés et dégradés, un peu longs sur la nuque.

Ce blanc ostensible porte un message : «*Oui, j'ai* (70… 80 ans*), mais j'assume mon âge. Foin des artifices! Ma tête blanche signifie que je suis réaliste, à l'aise avec les plus jeunes, mais sans "jeunisme", ce qui ne m'empêche pas l'amitié amoureuse du compagnon auquel je lègue la part qui lui revient en tant que conjoint survivant.* » Ou : «*Je suis blanche, d'accord, mais n'empêche que j'ai un corps ferme et encore attirant.* » Ou : «*N'empêche que je vais en vacances aux Sables-d'Olonne avec mes petits-enfants un mois par an et que je fais du vélo.* »

La décision irrévocable est courageuse. Dans mon livre *On n'est pas sérieux quand on a 60 ans*, j'ai écrit un chapitre intitulé «*Roux et court*». À cette époque, presque toutes les seniors avaient des cheveux de la couleur du henné de leur jeunesse et des coupes radicales, cheveux en brosse, crête sommitale sur cheveux courts, coupe asymétrique… Aujourd'hui, elles sont septuas comme moi, mais le henné/punk n'a que peu perduré, battu par le blanc. Ne subsiste qu'une petite cohorte qui a commencé le henné dans les parages de Mai 68 et ne l'a plus jamais quitté. Dans ce cas, il relève souvent d'une affirmation libertaire ou féministe.

J'ai aussi remarqué l'ébauche, peut-être, d'une nouvelle tendance : des septuas arborant un chignon gris sur la nuque, comme nos grands-mères. Peut-être la nouvelle avant-garde ?

Pour ma part, j'ai fait mon originale, ce qui m'était rarement arrivé avant 70 ans, car je me bornais à raviver mon blond naturel. Aujourd'hui, j'ai adopté un blond soutenu avec une grosse mèche noire. Cette attitude transgressive vient sans doute combler un trauma ancien.

20— Le noir d'antan

Je regarde les photos de paysans, ma famille. Les sexagénaires sont en noir, leur unique sac en cuir au bras, leurs seules chaussures vernies au pied et leurs dormeuses inamovibles pour bijoux. Sur ces clichés, elles se ressemblent toutes, non maquillées, bronzées par le travail des champs, le chignon retenu par des peignes et elles ne sourient guère, peut-être à cause de la solennité de la séance photo.

C'est à la ménopause que les femmes s'habillaient définitivement en noir avec la jupe noire plus courte, et parfois un caraco en dentelle blanche, une capeline, un chapeau noir en paille de riz noir pour les cérémonies, une mantille pour la messe. N'oublions pas le nombre élevé de veuves en deuil de leurs maris soldats.

Pour les grandes occasions, mon arrière-grand-mère, garde-barrière en retraite, ornait sa plus belle robe noire d'un jabot en dentelle blanche fixé par un camé. Elle résidait dans un petit village du Bugey où toutes les vieilles étaient appelées « naines » pour « marraines ». Enfant, on ne m'avait pas expliqué ce mot et je pensais que c'était injuste, parce qu'elle n'était pas très petite... Je l'ai toujours vue en noir, mais avec des jupons de couleur dont parfois dépassait un motif à rayures ou à petites fleurs.

On ne pouvait imaginer que, devenues infécondes, elles se livrent à la coquetterie ou à la séduction. L'arrêt de la période où l'on pouvait être mère signifiait *ipso facto* la fin de la sexualité. Une confusion que j'ai rencontrée il y a peu, en dépit de tous les « me-too », chez plusieurs jeunes filles. Le nombre de vieilles en noir découlait aussi des nombreuses veuves dont le mari avait été tué au combat.

Entre les deux guerres, période marquée par une certaine prospérité, surtout dans les villes, les jeunes femmes ont découvert la coquetterie des robes claires pour l'été, des tailleurs en tweed en hiver, des jupes à mi-mollet et des chapeaux cloches. Mais ces coquetteries, sans parler des tenues fantaisistes des Années folles ont peu déteint sur la livrée noire. Au travail, les vieilles femmes portaient aussi des blouses à petites fleurs sur fond noir achetées à la foire.

La barrière de la ménopause (en apparence, j'entends) a craqué après la libération. Les femmes, même à plus de 40 ans, s'essayaient à la permanente, aux crans formés avec le fer à friser, au rouge à joues Bourgeois, au reflet violet du Régé Color dans les cheveux blancs. Elles portèrent longtemps après l'Armistice des socques à semelle de bois à cause des restrictions dues à la guerre, puis elles adoptèrent l'espadrille, les tennis et les sandales en été, les talons hauts, les bottines.

Les septuagénaires, là encore, firent quelques emprunts aux nouveautés. Ma grand-mère, sage-femme à Châteauneuf de

Galaure au nord de la Dôme, continua, lorsqu'elle eut 70 ans et plus, à se vêtir de jupes au mollet, de chemisiers, de vestes en laine tricotées par ses soins et de quelques accessoires tels les cols brodés, les chapeaux cloches ou les gants blancs en filet. L'ensemble se devait d'être austère et décent.

Elle me disait toujours : «*À partir de 70 ans, tu devras être comme une souris grise longeant un mur gris, tu devras être invisible.*»

21— La darmanisation

Pendant la guerre et jusqu'aux années 1950, les restrictions et les pénuries conduisirent à moult travaux de rapiéçage, raccommodage, tricotage.

Le complet fit son apparition chez les messieurs. La mode se diversifia beaucoup selon le rang social, la ville ou la campagne. Mais ces changements eurent peu d'effet sur les grands-mères. Elles se vêtirent de couleurs sombres et gardèrent le chignon gris sur la nuque à l'exception des «élégantes» adeptes du «chic parisien».

Mais les tendances de Paris s'infiltrèrent peu à peu grâce à la vente par correspondance comme le *Petit Écho de la Mode* et surtout *Damart.*

Vouée au départ à la vente des sous-vêtements en thermolactyl, des chemises de corps à manches courtes ou longues, à bretelles ou ras du cou, des bas pour les grands froids d'hiver, des chaussettes, sans compter les gaines, le catalogue fut apprécié par les personnes âgées.

Sans avoir l'air d'y toucher, la firme de Roubaix étoffa sa gamme. D'abord pour les vêtements dits « de vieilles », les combinaisons, les robes de chambre, les épaisses vestes en laine des Pyrénées et un déferlement de chaussures « prenant la forme du pied », « aux semelles souples », « avec un léger talon compensé ».

Damart c'était le confort et la chaleur. Sa cible : les femmes de mon âge.

Peu à peu, la couleur se fit plus hardie, les jupes raccourcirent, les imprimés furent en vogue, des textiles nouveaux apparurent.

Mais pas aux dépens de la qualité et des vertus adaptées aux septuagénaires ou plus. Ainsi le « pantalon élastiqué » se ferme avec un cordon pris dans la taille qui s'adapte à un corps épaissi et la « tunique » recouvre toutes les rondeurs.

Le catalogue se rajeunit d'année en année. Nous avons d'autres sources comme les hebdomadaires féminins, les mensuels pour seniors d'autres catalogues (*Damart, Daxon, Solfin...*) Nos vêtements sont en passe de ne pas nous discriminer, non par rapport aux jeunes femmes, mais au troupeau des « femmes mûres ».

Si je pinaille, je ferai remarquer que les inévitables ensembles tunique-pantalon laissent pendre les cordons qui les ferment. Que des ensembles sont « coordonnés » d'une façon assez répétitive : la rose brodée sur l'épaule droite est reproduite sur la jambe gauche du pantalon. Le bas du pantacourt est orné de boutons ou d'un galon. Le chemisier est « dans le ton » de la jupe, souvent du blanc ou du rose, du bleu clair, du vert tendre. Une gamme de couleurs « douces ».

Et voilà, j'ai trouvé ! Et vous aussi sans doute : extinction du noir, arrivée des « couleurs douces ». Autre façon d'assurer l'invisibilité ou début d'une affirmation de soi ?

22— LES AMOUREUX

En longeant la Drôme, près du kiosque à musique, il y a une buvette que l'on traverse pour aller au cinéma. Aujourd'hui, j'ai vu sur un banc deux « vieux » qui s'embrassaient sur la bouche. De toute évidence, c'étaient des septuagénaires, vu leurs rides, la maigreur de madame, la brioche de monsieur.

La scène m'a émue, car il m'arrive la même chose avec mon ami. Nous n'allons tout de même pas nous cacher ! C'est pour moi une évidence, mais pas du tout, PAS DU TOUT pour beaucoup de passants et de personnes assises à la buvette. La plupart détournaient la tête ou donnaient un coup de coude à leur voisin en les désignant du menton.

« C'est' y pas possible à c't'âge », grommelait un homme qui devait avoir la cinquantaine. La rombière assise en face de lui enchérissait : *« Ils devraient avoir honte, c'est dégoûtant. Tu crois qu'ils font l'amour ? »* L'homme répondait en pouffant : *« Dans ce cas, il faudra une poulie pour les monter au lit, vu leur surcharge pondérale. »*

Je me suis retenue d'intervenir. Pourtant j'ai l'habitude de remettre à leur place tous ceux qui se moquent de nous, les vieux... Je pratique une forme de militantisme «pro-vieux», histoire de remettre les pendules à l'heure. Mais là, j'ai passé mon chemin pour être à l'heure au ciné.

Ça me rappelle un soir où j'étais invitée par une jeune femme et son compagnon qui habitaient un deux-pièces exigu dans la vieille ville. Ils avaient convié des amis et j'étais de la partie. On buvait, certains «jointaient» et forcément on a parlé de sexe, de désir, de plaisir masculin et féminin. Une invitée, Julie, 18 ans, affirmait que la dernière limite pour un coït réussi c'était 60 ans. Elle prétendait que les hommes commençaient à perdre leur virilité, quant aux femmes, n'en parlons pas. Après la ménopause, le sexe ne les intéressait plus sauf, peut-être un «coup» laborieux de temps en temps.

— Vous vous rendez-compte, continua-t-elle, le viagra, faut le prendre une demi-heure avant l'acte. Vous parlez comme c'est drôle d'attendre le feu vert de l'horloge !

— C'est prouvé, dit en écho une certaine Annie, 20 ans. J'ai lu dans un magazine de santé que si le viagra ne marche pas, on peut aussi faire des piqures dans la verge. Et qui c'est qui fera la piquouse ? La compagne vigilante et fidèle en body noir et porte-jarretelles, parce que le journal dit aussi que la femme doit faire un effort pour être sexy et glamour.

Je ne pouvais en supporter davantage et je dis qu'à 78 ans j'avais des relations sexuelles fréquentes avec un ami, ponctuées d'orgasmes fabuleux pour moi et d'une éjaculation gratifiante pour lui.

— Comment? me dit Julie. Alors vous, vous êtes un cas. C'est évident que les vioques de ton âge n'ont plus de libido. Les hommes passent encore, ils ont du désir, mais peu de succès.

— Ouais, reprit Annie, ça les travaille toute leur vie et leur andropause les rend grognons et pénibles. Je sais de quoi je parle parce que mon papa devient insupportable. Quant aux femmes, elles sont très contentes d'être débarrassées de la corvée de sexe.

«Corvée de sexe» me fit bondir, mais je me contentai de remarquer, pour ne pas gâcher la soirée, que je devais être un phénomène de foire, ce qui fit rire tout le monde.

Ce n'est pas que la description de Julie soit fausse, car en effet, il arrive souvent que les septuagénaires aient des pannes. Mais je n'aimais pas cette façon de généraliser et qui plus est, en se moquant.

Dans son poème tiré de la Bible sur l'union nocturne de Booz, un vieillard de 80 ans avec une jeune femme, Ruth, Victor Hugo évoque la sexualité d'un vieil homme sans détour, mais non sans pudeur. Vous vous souvenez? «*Ruth songeait et Booz dormait* (...)»

Les personnes âgées sont souvent discrètes pour ne pas encourir des réflexions outrageantes, mais je sais de sources sûres, à savoir grâce aux confidences de mes amies, qu'une femme peut avoir du désir pratiquement jusqu'à la fin de sa vie.

Certains en tiennent compte. Dans la maison de retraite où ma mère a fini ses jours, je voyais, collé sur la porte d'une chambre : «privé». Une aide-soignante me dit en catimini que des femmes agrées rendaient «*un service sexuel*» à de vieux messieurs, ou bien de jeunes gens à de vieilles dames et que le lieu abritait aussi les étreintes des pensionnaires. Comme quoi la maltraitance n'est pas générale.

23— Coup de foudre

J'ai eu un coup de foudre à 71 ans. Depuis plusieurs années, j'étais abstinente. Après mon divorce, à 43 ans, j'avais eu un partenaire de 29 ans avec lequel j'avais entretenu une liaison pendant quinze ans, une de ces liaisons « un week-end sur deux » quand les enfants sont chez leur papa. C'était bien, un garçon affectueux, amant et aimant sans excès, avec qui je sortais beaucoup au cinéma, au théâtre ou aux bistrots dansants. Il avait un CAP de libraire, nous nous prêtions des livres. Puis, par un effet ordinaire de la routine, nous nous étions éloignés.

Je n'étais pas mécontente d'être seule. J'achetai un chien et devins « mémère à chien-chien ». Je faisais de longues promenades sur les quais de Seine et au-delà du périphérique jusqu'à Pantin. Mon chien Rac, un Jack Russel que j'avais trouvé blessé sur une aire d'autoroute, était joyeux et facétieux, jamais fatigué, mais têtu.

Rac et moi vieillissions donc conjointement. À 65 ans, j'ai pris ma retraite. Rac et moi habitions l'été dans la Drôme, l'hiver à

Paris, d'octobre à avril. Nous étions en octobre. Je longeais le bassin de la Villette, ma promenade coutumière. J'avais lâché Rac, ce qu'alors les policiers laissaient faire, occupés à chasser les dealers vers Stalingrad. Le long du bassin, des péniches étaient amarrées : autant de guinguettes, salles d'exposition, vendeurs de légumes bio, théâtres pour les enfants.

Et voilà qu'un homme qui descendait la passerelle de la péniche *Antipode* me rentra dedans. Sur l'instant, tout mon être ne fut plus que désir et ça lui fit pareil, si bien que nous restâmes là un moment à nous regarder.

— Je dois rappeler mon chien, articulais-je avec effort, histoire de dire quelque chose.

Le chien obéit, je le mis en laisse. L'homme me dit alors :

— Attendez, je reviens.

Il courut jusqu'à une camionnette jaune garée le long du quai, farfouilla un moment et revint, tout essoufflé, avec... des stylos à bille publicitaires dorés du *Buddha Bar*, un lieu branché de Paris. Il m'en tendit un et bégaya «*c'est un cadeau*», puis il s'enhardit et me demanda si j'étais du quartier :

— Oui, j'habite un peu plus loin en face, au 23ᵉ étage.

— Je peux vous accompagner ?

— Mais... oui.

— Nous étions à la porte de la tour. Il griffonna sur un bout de carton ramassé par terre avec un de ses stylos.

— Tenez, c'est mon numéro de téléphone. Je suis livreur de presse et, depuis la privatisation des NMPP, en plus des journaux, je livre des prospectus, des papiers divers.

Il retourna vers son camion et je le vis partir, sidérée.

À ceux qui nous parlent comme à des enfants

Je pense que s'il m'avait demandé sur l'instant de monter chez moi, attitude fortement déconseillée aux femmes, oui, je crois que j'aurais accepté.

Ce fut le lendemain, après la pizza...

Il a 65 ans, nous «sortons» toujours ensemble. J'éprouve autant de désir que de plaisir, pas besoin d'additifs type crème à la noix de coco ou autres baumes.

Je le quitte au printemps et le retrouve à l'automne. Il est tunisien et marié, ce qui le tracasse un peu côté Islam, mais pas trop.

24— Voulez-vous danser grand-mère ?

Samedi dernier, un restaurant associatif d'un village voisin du mien, fonctionnant avec des bénévoles, avait organisé une soirée très gaie. Le conseil municipal lui avait permis de bloquer en partie la rue centrale en disposant de longues tables. Les bénévoles les avaient couvertes de nappes en papier multicolores. Ils avaient posé sur chacune des fleurs naturelles : beaucoup de roses, de toutes les teintes, des sauges, des pétales d'hibiscus...

L'orchestre, installé sous une tente, jouait du *maloya*, genre musical et danse préférée des Réunionnais. Les spectateurs étaient en majorité des couples entre 30 et 40 ans beaucoup, avec de petits enfants et des bébés.

Ce samedi, j'ai perçu, vaguement d'abord puis nettement, un changement...

Il y avait dans les alentours cinq ou six dames vêtues de robes sans prétention, mais bien coupées et qui leur allaient bien. Elles s'étaient parées de fleurs dans leurs chignons, de bracelets cliquetants, de châles aux couleurs vives.

L'une d'elles avait piqué des roses fraîches au-dessus de son oreille. Je lui en ai fait compliment, car je l'avais déjà remarqué ailleurs, toujours avec une fleur piquée dans ses cheveux gris.

Elle m'a remerciée d'une voix joyeuse.

— Je mets toujours une fleur pour aller danser. J'en ai tellement l'habitude que, si je n'en mettais pas, je serais comme une femme qui ne sort jamais sans maquillage et qui se sent nue si elle n'en a pas. À 72 ans, j'ai cessé de me maquiller pour me fleurir.

Elle se tenait là, détendue, vêtue d'une robe légère.

Pour ma part, lorsque je vais danser, je m'habille simplement, mais j'ajoute une écharpe colorée que je mets parfois à la taille, ou posée sans ostentation sur les épaules. Je m'en sers souvent en la faisant ondoyer pour amuser les enfants. Tout en dansant, je leur tends une extrémité. Les enfants aiment que je les fasse tournoyer autour de moi, en dessus, en dessous. J'invite souvent de jeunes hommes à danser. Pas d'équivoque. Ils acceptent sans se moquer. Je sens plutôt une forme d'admiration et parfois ils m'invitent pour une danse à deux. Une mazurka, par exemple, lors d'un bal musette.

Après ma conversation avec la dame à la rose, j'ai avisé une femme âgée, aux grands yeux bleus, dont le sourire faisait comme disparaitre les rides. Elle a vu que je la regardais et nous avons fait causette :

— J'ai 76 ans. J'adore danser. Vous aussi, je parierai.

— Vous devinez bien. C'est si bon de danser, de se déhancher, de faire toutes sortes de pas improvisés dans la nuit d'été.

J'ai renchéri :

— Comme j'ai séjourné quelques mois à La Réunion, j'allais souvent dans ces soirées qu'ils appellent *bals la poussière* à cause de la terre battue soulevée par les danseurs.

J'ai pu voir, quand l'orchestre, après avoir joué du piano, nous a embarqués dans un *maloya* fort et cadencé pour donner le signal de la danse, que mes deux septuas n'ont pas traîné. Elles étaient souples et dansaient mieux que bien des jeunes adultes qui hésitent longtemps et piétinent gauchement. À la troisième ou quatrième danse, ils s'enhardissent, la bière aidant, mais ils dansent juste avec les pieds, un peu avec les épaules, mais les bras le long du corps. Ils ne dansent pas avec tout leur corps. Ensuite — surprise —, une dame un peu corpulente, mais gracieuse, s'est mêlée à nous. Elle portait une longue robe et de nombreux bracelets et colliers :

— Oh, comme vous dansez bien, madame !

— C'est vrai. J'ai 78 ans. J'ai eu le temps d'apprendre ! me lança-t-elle.

En les voyant, en leur parlant, j'ai senti comme un frémissement de joie. Ah non, ce n'était pas comme ces mémés qui restent assises toute la soirée en invoquant leurs articulations. Entendez par là que certaines vieilles dames ont vraiment mal, mais que d'autres jugent que ce n'est pas de leur âge. Les danseuses dont je parle avaient de l'énergie et de la grâce. Simple question de chance ? Je ne le crois pas. Il faut vouloir et savoir ne pas avoir honte...

Serait-ce les prémisses d'une autre façon d'envisager l'existence après 70 ans ?

FIN

www.ingramcontent.com/pod-product-compliance
Lightning Source LLC
LaVergne TN
LVHW051159060726

842526LV00014B/3280